应用型人才培养规划教材·经济管理系列

ERP人力资源管理实务

郑荆陵 尚立云 熊有平 易 欢 ◎ 编著

清华大学出版社
北京

内 容 简 介

本书是一本"人力资源专业+信息化"的实践课教材。教材设计巧妙地运用了简单易学的信息技术，构建了一个人力资源管理的信息系统平台，同时将企业的人力资源管理"场景"一起搬进了课堂，使学生能在课堂上体验式地学习"企业一线"的实践活动，尝试同步完成"理论与实践"的教学任务，从而使人力资源管理专业的教学进程提速。

本书采用课堂项目教学方式，设有系统平台构建、系统建立、管理模块三类项目。其中平台构建和系统建立是平台实践学习，类似于熟悉工作办公室和工作资料。管理模块是学习任务的重点，它们包括组织管理、岗位管理、招聘管理、培训管理、薪酬管理、考勤管理、绩效管理、人事合同管理八个子项目。每一子项目的设计都遵循"知识、任务、准备、实操"的实践规律。实践学习力求知识精准，案例普适，任务清晰，操作简单，做到易学、易懂、易操作、易教学。

本书可作为应用型大学、高职高专院校人力资源管理专业、工商专业、物流专业、电子商务、信息系统与信息管理专业、计算机软件应用等专业的实践课程的教材，也可以推荐给人力资源管理爱好者以及企业管理者作为"专业+信息化"学习的参考书。

本书封面贴有清华大学出版社防伪标签，无标签者不得销售。
版权所有，侵权必究。举报：010-62782989，beiqinquan@tup.tsinghua.edu.cn。

图书在版编目（CIP）数据

ERP 人力资源管理实务/郑荆陵等编著. —北京：清华大学出版社，2018（2024.8重印）
（应用型人才培养规划教材·经济管理系列）
ISBN 978-7-302-48837-8

Ⅰ. ①E… Ⅱ. ①郑… Ⅲ. ①企业管理-人力资源管理-计算机管理系统-高等学校-教材 Ⅳ. ①F272.92-39

中国版本图书馆 CIP 数据核字（2017）第 284164 号

责任编辑：邓　婷
封面设计：刘　超
版式设计：刘艳庆
责任校对：王　颖
责任印制：丛怀宇

出版发行：清华大学出版社
　　　　　网　　址：https://www.tup.com.cn，https://www.wqxuetang.com
　　　　　地　　址：北京清华大学学研大厦A座　　邮　编：100084
　　　　　社 总 机：010-83470000　　　　　　　　邮　购：010-62786544
　　　　　投稿与读者服务：010-62776969，c-service@tup.tsinghua.edu.cn
　　　　　质 量 反 馈：010-62772015，zhiliang@tup.tsinghua.edu.cn
印 装 者：三河市龙大印装有限公司
经　　销：全国新华书店
开　　本：185mm×230mm　　印　张：15.75　　字　数：319 千字
版　　次：2018 年 5 月第 1 版　　　　　　　　印　次：2024 年 8 月第 4 次印刷
定　　价：39.80 元

产品编号：075890-01

前　　言

　　本书描述了目前企业普遍应用的"ERP 人力资源管理系统"的解决方案。它主要包括人力资源管理系统的平台构建、系统建立、人力资源管理模块，及基于信息化平台的管理模块的实务作业过程。

　　全书共分九章。包括系统平台构建、组织管理、岗位管理、招聘管理、培训管理、薪酬管理、考勤管理、绩效管理、人事合同管理九个模块的管理模式，系统平台作业流程，及实务操作步骤。

　　每一章按照背景知识、典型案例、实务准备、管理实务的顺序进行编写，分别回答人力资源管理中的常见问题：什么任务？做什么？用到哪些资料？怎样做？通过体验式的实务作业过程，练就人力资源管理的基本技能。

　　各章内容分布如下：

　　第1章，系统平台构建。认知信息系统平台构建的原理。

　　第2章，组织管理。认知人力资源管理的基本资料。

　　第3章，岗位管理。掌握工作说明书信息化的处理方法。

　　第4章，招聘管理。掌握招聘管理的基本技能。

　　第5章，培训管理。掌握培训管理的基本技能。

　　第6章，薪酬管理。掌握绩效管理的基本技能。

　　第7章，考勤管理。掌握考勤管理的基本技能。

　　第8章，绩效管理。掌握绩效管理的基本技能。

　　第9章，人事合同管理。掌握人事合同管理的基本技能。

　　本书最大的亮点是在信息化的平台上，能人机互动地进行体验式的管理实务学习。既学会了系统平台操作，又掌握了管理技能；既学习了理论知识，又进行了实践操作，可谓"理论+实践"的同步学习。

　　本书由广东东软学院郑荆陵负责整体策划及统稿；广东顺德职业技术学院尚立云负责典型案例实验，并撰写了第1、第2、第3章；广东东软学院熊有平撰写了第4、第5、第6章；人力资源部经理易欢撰写了第7、第8、第9章。

　　由于作者的经验和水平有限，不妥之处在所难免，敬请读者们批评指正，谢谢！

编者

使用指南

一、开发目的

随着我国企业信息化的全面推进，ERP（企业资源计划）信息系统的先进管理思想及平台的应用已经得到了普及，从而引发了新一轮社会对"专业+信息化"复合人才的强势需求。由此，近十多年来，我国很多大学都相继建设了 ERP 实验室，并开发了一些专业实践性非常强的课程，例如"ERP 沙盘实训""ERP 财务管理系统""ERP 生产管理系统""ERP 供应链管理系统""ERP 客户关系管理""ERP 人力资源管理实务"，等等。

面对这些课程，目前亟待开发出"专业+信息化"的教材，以解决精准培养专业人才的问题，解决人力资源管理"专业+信息化"融合的社会人才需求问题，解决工商管理"专业+信息化"融合的社会人才需求问题，等等。

本教材"ERP 人力资源管理实务"的编写就是一次尝试。

二、开发思路

当今信息的应用已经改变了人们的生活和工作方式。例如，过去企业招聘时要求的某些工作经验，现在已经被融入了信息系统，这就大大地降低了入职门槛，但是普遍增加了信息平台的操作能力。可以说信息系统的应用，加快了人们学习的进程，无论你是企业的新人还是旧人，学习的起点都是相同的，唯一能帮助你的是学习能力，不断尝试让理论"落地"的能力，不断尝试让知识转变为生产力的能力，一句话概括就是：创新的能力。

1. 管理目标"落地"

缺乏信息系统支撑平台的企业管理者们，一般给出的指令是"文字令"，需要执行者们转换为"工作令"。其结果可能满意，也可能不如意。原因是执行者未必能揣摩透管理者的意图，只是按经验实施转换。

而信息系统支撑的平台管理目标是确定的，管理者直接下达的是有目标的"工作令"，执行者只需要执行就可以了，如图 0-1 所示。

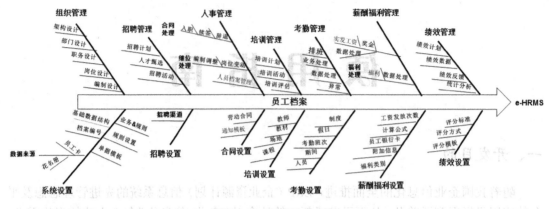

图 0-1 e-HRMS 鱼刺图

鱼刺 e-HRMS 是人力资源管理系统，管理目标是"以人为本"，设计"以员工档案为信息主线"。

鱼刺图上方，包括组织管理、招聘管理、人事（合同）管理、培训管理、考勤管理、薪酬和福利管理、绩效管理模块。

鱼刺图下方对应模块的设置，设置不仅包含了传统的工作经验，还有规则、政策等类的约束条件。

鱼刺图的应用效果：任一管理模块都围绕员工，服务于员工。例如，一旦主线发出培训需求，管理者则下达"员工培训"命令，培训管理模块立刻执行；当执行成功地结束后，执行结果直接返回到主线，回应满足需求。

2. 管理能力"落地"

传统对管理能力的评价多数是抽象的。而 e-HRMS 平台的应用，更关注的是对问题的解决能力。例如，"e-HRMS"需要的是 3 种基本能力。一是平台的应用能力；二是对组织、岗位、规则、政策的把控能力；三是对人力资源活动管理的能力。

这样的传统管理者即将面临被迫学习、被迫转变的局面。过去你可能被固定在岗位上"坐井观天"，只要做好自己的事情就可以了。而 e-HRMS 由于你是在流程中，需要解决问题后，再完成工作，需要具备更多的能力。

本教材的编写是按照能力渐进养成的规律，有序地培养这三个方面的能力，如图 0-2 所示。

如图 0-2 所示，人力资源管理实务包括系统平台构建、系统建立、管理模块。系统平台构建是培养认知工作地点，亦是系统平台，即虚拟空间的认知能力。系统建立是培养对实务工作资料的认知能力。管理模块是培养对全部的管理内容的认知能力。

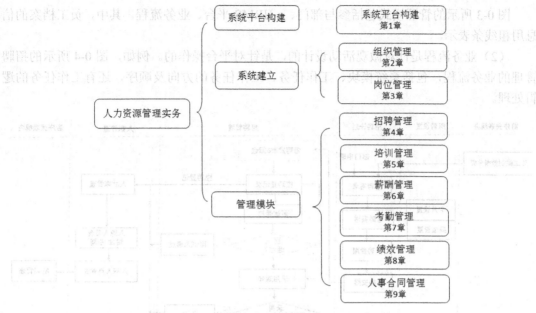

图 0-2 教材设计

三、技术要点

e-HRMS 的总体设计包括管理模式、业务流程、人力资源管理实务三个方面。

（1）应用模式。e-HRMS 的"总体设计"，简称人力资源管理模式，如图 0-3 所示。

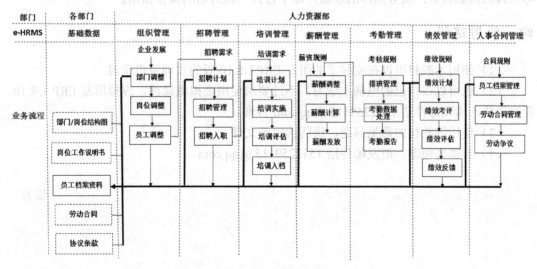

图 0-3 人力资源管理模式

图 0-3 所示的管理模式包括参与部门、e-HRMS 平台、业务流程。其中，员工档案的信息用粗线条表示。

（2）业务流程是针对微观活动设计的，是针对平台操作的。例如，图 0-4 所示的招聘管理的业务流程，包括系统模块、工作任务、工作任务的方向及顺序，还有工作任务的逻辑处理。

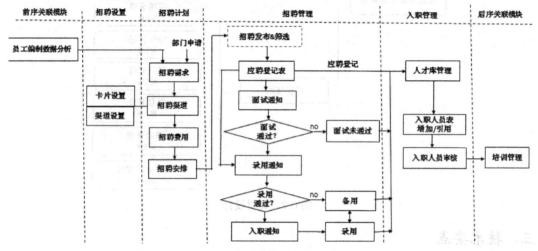

图 0-4　招聘管理业务流程

（3）人力资源管理实务包括实务的典型案例描述，即工作情境描述；实务必备的资料，即管理的基础数据；实务操作的步骤，即平台人—机对话的操作指南。

四、使用建议

（1）使用本教材可以在安装了的用友 ERP U8.10 版的实训室里学习。

（2）也可以在自己的电脑上学习，不过要求使用虚拟机软件，虚拟用友 ERP U8.10。若有需要，请发邮件给 1512259115 @qq.com 咨询。

（3）使用该教材的常见问题，请阅读附录文件。

（4）若需要帮助，请发邮件给 1512259115 @qq.com。

编者

CONTENTS

第1章 系统平台构建 /1

学习目标 /1
学习技能 /1
1.1 背景知识 /1
1.2 人力资源管理系统 /2
1.3 e-HRMS 平台构建准备 /7
1.4 e-HRMS 平台构建实务 /8
练习题 /24
思考题 /24

第2章 组织管理 /25

学习目标 /25
学习技能 /25
2.1 背景知识 /25
2.2 组织管理系统 /26
2.3 组织管理实务准备 /30
2.4 组织管理实务 /30
练习题 /40
思考题 /41

第3章 岗位管理 /42

学习目标 /42
学习技能 /42
3.1 背景知识 /42
3.2 岗位管理系统 /43
3.3 岗位管理实务准备 /47

CONTENTS

目录

3.4　岗位管理实务 / 48
练习题 / 65
思考题 / 65

第 4 章　招聘管理 / 66

学习目标 / 66
学习技能 / 66
4.1　背景知识 / 66
4.2　招聘管理系统 / 67
4.3　招聘管理实务准备 / 70
4.4　招聘管理实务 / 71
练习题 / 86
思考题 / 87

第 5 章　培训管理 / 88

学习目标 / 88
学习技能 / 88
5.1　背景知识 / 88
5.2　培训管理系统 / 89
5.3　培训管理实务准备 / 92
5.4　培训管理实务 / 93
练习题 / 107
思考题 / 108

第 6 章　薪酬管理 / 109

学习目标 / 109
学习技能 / 109

CONTENTS

6.1 背景知识 / 109
6.2 薪酬管理系统 / 110
6.3 薪酬管理实务准备 / 113
6.4 薪酬管理实务 / 114
练习题 / 148
思考题 / 149

第 7 章　考勤管理 / 150

学习目标 / 150
学习技能 / 150
7.1 背景知识 / 150
7.2 考勤管理系统 / 151
7.3 考勤管理实务准备 / 155
7.4 考勤管理实务 / 155
练习题 / 177
思考题 / 177

第 8 章　绩效管理 / 178

学习目标 / 178
学习技能 / 178
8.1 背景知识 / 178
8.2 绩效管理系统 / 179
8.3 考勤管理实务准备 / 182
8.4 绩效管理实务 / 183
练习题 / 212
思考题 / 213

CONTENTS

第9章 人事（合同）管理 / 214

学习目标 / 214
学习技能 / 214
9.1 背景知识 / 214
9.2 人事合同管理系统 / 215
9.3 人事管理实务准备 / 217
9.4 人事管理合同实务 / 218
练习题 / 233
思考题 / 234

参考文献 / 235

附录A 常见问题 / 236

第 1 章 系统平台构建

学习目标
- 了解人力资源管理的意义
- 了解人力资源管理模式
- 了解人力资源管理信息系统

学习技能
- 学会管理信息系统平台构建的基本技能
- 学会用户化管理信息系统平台构建的基本技能

1.1 背景知识

1.1.1 人力资源管理概述

随着全球化竞争和知识经济的到来,越来越多的管理学者、企业和管理者普遍认为人力资源将日益成为企业竞争优势的基础。芝加哥大学教授、诺贝尔经济学家获得者西奥多·T. 舒尔茨(Theodore W. Schultz)认为,人力资本是通过对人力资源投资而体现在劳动者身体上的体力、智力和技能,它是另一种形态的资本,与物质资本共同构成了国民财富,而这种资本的有形形态就是人力资源。

当代经济学家普遍接受了舒尔茨的观点。经济学家认为,土地、厂房、机器、资金等已经不再是国家、地区和企业致富的源泉，唯独人力资源才是发展的根本。

所谓人力资源管理（Human Resource Management，HRM），是指企业为了实现人力资源的获取、开发、保持和利用进行的计划、组织、指挥和控制活动。

1.1.2 人力资源管理内容

从战术的角度，也就是从实务的角度出发，人力资源管理的内容主要包括组织管理、招聘管理、培训管理、薪酬与福利管理、考勤管理、人事管理、职业生涯管理，及其人力资源管理信息支持系统（Human Resource Management System，HRMS）。

组织管理：本教材主要是关于组织信息的采集、处理与应用。

招聘管理：主要是员工招聘活动的过程管理。

培训管理：主要是员工培训活动的过程管理。

薪酬与福利管理：主要薪酬、考勤活动的过程管理。

绩效管理：主要是绩效活动的过程管理。

人事管理：主要是人事合同活动的过程管理。

职业生涯管理：是人力资源管理的拓展应用，本教材未做介绍。

1.2 人力资源管理系统

随着知识经济的发展，人力资源管理已成为企业的焦点。许多企业正在或迫切需求构建一个完整的人力资源管理信息系统，建立一个综合的功能丰富的人力资源管理平台，从而实现企业人力资源的优化和管理的现代化。

目前加快信息化建设已经成为中国企业建设的重要性的工作，如人事管理、岗位管理、招聘管理、培训管理、薪酬管理、绩效管理等一套完整的人力资源管理信息系统已经在逐步普及应用之中。

未来企业将要通过网上招聘、网上员工培训管理、网上绩效管理、人事政策自助服务等平台，实施面向全球化人力资源管理的应用。面向员工的个性化的应用，也正在得以实现，现代化、科学化管理已经大大地提高了工作效率。因此作为人力资源管理者的未来将用更多的经历，管理微观活动，并从中创造更多的人力资源的价值。

1.2.1 人力资源管理模型

图 1-1 模型清晰地描绘了人力资源管理的工作任务。它将人力资源管理分为组织构建、组织结构、策略、管理内容和基础五个部分。其中组织构建、组织结构、策略是宏观的决策性的管理。管理内容是人力资源管理的日常工作任务，是面向活动的微观管理，也是本

教材的重点部分。在管理活动过程中，采用人力资源管理信息系统来记录大量活动记录，计算和处理大量的数据，预警和报告信息。采用现代的科学的工具来获得快捷、准确的信息，帮助专业人员顺利地执行工作任务。因此管理信息系统和专业能力是管理模型中的基础，是关键的不可缺失的部分。

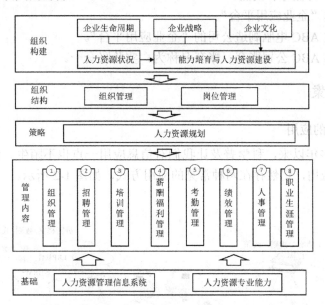

图 1-1　人力资源管理模型

1.2.2　典型案例

1. 案例描述

ABC 电脑制造公司自实施 ERP 生产制造管理后建立了一整套企业管理标准，同时也建立了一套规范的人力资源管理方法，使得企业的规模不断发展与扩大。随着企业的快速发展，人力资源的管理工作也急剧膨胀，人力资源管理的内容越来越多，大量的日常事务需要处理，大量的信息需要记录和分析，由于这些工作记录、表格、报告的日益增多占据了大量的人力、物力。

还有一种现象，虽然管理人员增多了，但是其管理信息分散了，面对一些由人工处理的碎片式的信息，很难保证它的及时性和准确性。因此对于人力这一特殊的资源，管理是要有"证据"的，如稍有不慎就会给企业带来意想不到的后果。

为此公司决定构建一套先进的、科学的、适用的人力资源管理系统。

2. 工作任务

对于信息系统平台的构建，需要分两步进行。

第1步，创建企业应用平台；
第2步，创建用户化企业应用平台。

前者是创建企业通用性的应用平台，后者才是特定企业的个性化的应用平台，因此本章主要完成三个学习任务和技能。

任务1：构建"企业应用平台"。
任务2：构建 ABC 电脑制造公司的"企业应用平台"。
任务3：输出 ABC 公司账套。账套名称为：实验账套一。

1.2.3 解决方案

1. 管理信息的应用

事实上近十多年以来，科学普及让我们对信息应用一点也不陌生。但是目前对于人力资源管理信息的应用，仍然存在两种常见的应用方式，如图1-2所示。

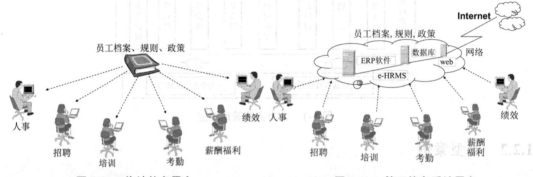

图 1-2a 传统信息平台　　　　　图 1-2b 管理信息系统平台

（1）传统信息平台。图 1-2a 所示为传统人力资源管理信息的作业环境，以下简称传统的信息平台。它的基础数据，如员工档案、规则、政策都统一被存放在部门的电脑里。管理者们使用时是通过复制、转发资料执行管理任务的。而各个管理者执行管理任务的记录、信息，又被存放在自己的电脑里。当工作需要时，管理者们又将通过复制、转发资料彼此分享。但在工作繁忙的时候，信息往往成为管理的瓶颈。

（2）e-HRMS 信息平台。图 1-2b 所示为管理信息系统的作业环境，以下简称 e-HRMS 平台。它的员工档案、规则、政策等基础数据都被集中存放在 e-HRMS 里，并且任一个管理者执行任务的活动记录，也被集中地存放在系统里。当需要数据的时候，系统会自动地处理、统计、报告，管理者们随时都可以在线帮助，大大地提高了工作效率。

2. e-HRMS 的设计

显然对于 e-HRMS 平台，是需要根据企业对人力资源管理的需求设计的。如图 1-1 所示，企业的生命周期不同，需求也就不同，其管理的内容也可能不同。

然而面向人力资源规划战略目标的管理，最终是要通过员工来实现的，因此需要落实"以人为本"的人力资源开发与管理的理念。因此对应的 e-HRMS 总体设计应该是"以员工档案为主文件"的、集中的信息技术线路，即信息主线。这就意味着，企业的人力资源管理系统视每位员工都为一个独立的个体，可以实现"个人导向"。人力资源管理系统可以动态地采集到每一位员工的作业记录，并予以存储、处理和传递。反之任何一个作业记录，都可以通过信息检索，关联到每一位员工的档案。可通过 e-HRMS 随时了解到员工的工作情况。

e-HRMS 总体设计了"以员工档案资料为主"的信息技术线路，将所有微观活动的记录、存储、处理、传递都关联在这条主线上，如图 1-3 所示。

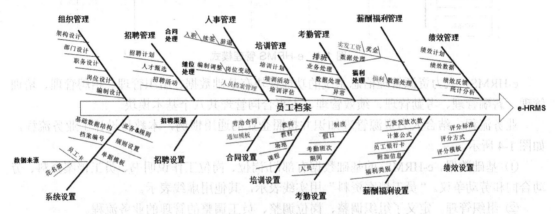

图 1-3　e-HRMS 鱼刺图

e-HRMS 鱼刺图，箭头表示"以员工档案资料为主线"构建 e-HRMS。鱼刺图下侧是管理内容的规则、政策的设置；上侧是具体的管理内容。由于每一位员工的档案都是独立的，因此 e-HRMS 中的每一个管理信息功能，都可以根据员工的需求进行个性化的开发和服务。

3. e-HRMS 管理模式

（1）e-HRMS 管理模式。图 1-4 所示的 e-HRMS 管理模式不仅包含了图 1-1 中所示的所有管理内容，而且还包含所有管理内容中的微观的活动信息自动地采集、存储、处理传递的能力。管理者们只要通过业务流程，有序地在 e-HRMS 平台上协同工作即可。

图 1-4 管理模式的设计主要有业务流程、e-HRMS 模块、参与部门共三个部分。设计遵守"以人为本"的原则，因此基础数据凸显了"员工档案资料"部分，流程凸显了与"员工档案资料"关联加粗的直线，可从图 1-3 进行理解。其中：

参与部门：e-HMRS 平台应用的人力资源部门，但是基础数据是企业各部门都可以共享的。要求员工编码必须唯一。

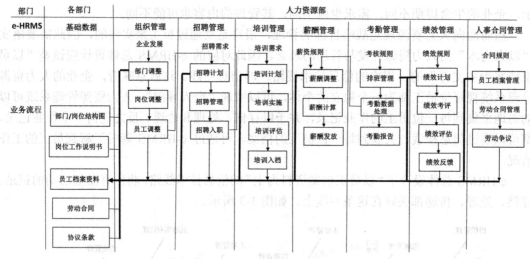

图 1-4 e-HRMS 管理模式

e-HRMS：人力资源管理信息系统的功能模块有基础数据、组织管理、招聘管理、培训管理、薪酬管理、考勤管理、绩效管理、人事合同管理共八个基本模块。

业务流程：结合人力资源管理知识并按照企业的通用惯例，本教材设计了业务流程，如图 1-4 所示。

① 基础数据。e-HRMS 的基础数据有部门/岗位、岗位工作说明书、员工档案资料、劳动合同和劳动争议。"员工档案资料"用实线表示，其他用虚线表示。

② 组织管理。定义了组织调整、岗位调整、员工调整的管理的业务流程。

③ 招聘管理。定义了组织招聘计划、招聘计划实施、招聘入职的业务流程。

④ 培训管理。定义了培训计划、培训计划实施、培训评估、培训入档的业务流程。

⑤ 薪酬管理。定义了薪酬调整、薪酬数据计算、薪酬发放的业务流程。

⑥ 考勤管理。定义了员工排班管理、考勤数据处理、考勤报告的业务流程。

⑦ 绩效管理。定义了绩效计划、绩效计划考评、绩效评估、绩效反馈的业务流程。

⑧ 人事合同管理。定义了员工档案管理、劳动合同管理、劳动合同争议及人事合同管理的业务流程。

（2）管理模式的工作原理。

① 组织管理。它是一年一度的工作任务。通常每年的年初企业都会根据未来一年的发展情况进行部门调整、岗位调整和员工调整。

② 招聘管理。当组织机构调整完成后，岗位编制管理会自动提交招聘需求，帮助制定招聘计划，随后进行新员工招聘的过程管理，当新员工入职之后，为该新员工建立档案。

③ 培训管理。当新员工入职之后，通常会进行企业文化培训，系统自动提交培训需求。帮助制订培训计划，随后进入培训计划的实施、培训评估，最后系统记录员工的培训信息，

并关联到员工档案之中。

④ 薪酬管理。当新员工入职后，还需进行薪酬处理，薪酬处理包括薪酬调整、薪酬计算和薪酬发放的工作任务。

⑤ 考勤管理。它是企业文化的一部分，也是企业与员工双方在合作中的一项规则。它包括员工的排班，员工实际的考勤数据处理，还有考勤数据的使用。如果考勤管理与薪酬管理挂钩的话，则系统会自动地将该考勤数据传递给薪酬管理。

⑥ 绩效管理。它也是企业文化的一部分，包括为每位员工编制绩效计划、绩效考评、绩效评估和绩效反馈的工作任务。绩效结果可以自动记录到员工档案之中，为员工的升职和培训提供信息来源。

⑦ 人事合同管理。它包括员工档案管理、劳动合同管理、劳动争议的工作任务。

当新员工入职时，需要签订书面形式的劳动合同，该合同需要输入到 e-HRMS 中去。每当员工合同到期后，要求及时提醒员工进行续签、变更、终止书面形式的合同，保证书面的劳动合同信息与 e-HRMS 的一致性。劳动争议是在合同执行过程中，员工与企业相互沟通的重要途径。

总之，对于 e-HRMS 的应用，不仅需要设计好适合企业的人力资源管理模式，还需要培养大量的具备 e-HRMS 平台应用能力的人才。

1.3 e-HRMS 平台构建准备

1.3.1 工作环境准备

借助用友 ERP U810.1 软件构建 e-HRMS。

(1) 已安装的用友 ERP-U8.10 管理软件；

(2) 已安装数据库 SQL Server 的 2005 版本；

(3) 应用服务器与数据库服务器已配置。

1.3.2 工作内容

(1) 构建企业应用平台。

① 登录"系统管理"平台；

② 创建用户；

③ 创建账套。

(2) 构建用户化的 e-HRMS 应用平台。

① 登录"企业应用平台"；

② 构建 e-HRMS 应用平台。

1.3.3　工作数据

系统日期：2017.1.1（参考附录 1）；　　用户编码：1000；
用户名：张健；　　　　　　　　　　　　用户授权：账套主管；
账套号：333；　　　　　　　　　　　　账套名称：ABC 电脑制造公司；
单位名称：ABC 电脑制造公司；　　　　　单位简称：ABC 公司；
核算信息：本币代码：RMB；　　　　　　本币名称：人民币；
企业类型：工业；　　　　　　　　　　　行业性质：2007 新会计制度；
编码规则：科目编码级次：4-2-2；　　　 部门编码级次：2-2；
设置：数据精度默认。

1.4　e-HRMS 平台构建实务

初次接触 e-HRMS 的人，常会被它的 IT "门槛" 所难倒，本章希望通过简单的操作，帮助初学者跨过这个 "门槛"。

相信许多人都会玩 "微信"，如果将 "微信" 与 e-HRMS 相比，登录 "微信" 与登录 e-HRMS 平台如出一辙。在 e-HRMS 应用的初期，会遇到两种平台的应用：一是 IT 人员的工作平台——"系统管理与维护"平台，俗称系统"后台"；另一个是管理者们的工作平台，俗称系统"前台"，即 e-HRMS 的平台。前者对应"微信"设置，后者对应登录"微信"。

当然 e-HRMS 会略微复杂一点，为了深入了解 e-HRMS 平台，本章设计了构建 e-HRMS 平台实务，从而使初学者可以自如地跨过这道"门槛"。

1.4.1　构建企业应用平台

1. 登录"系统管理"平台

"系统后台"是 IT 人员工作的平台，登录基本条件是以系统管理员的身份登录"系统管理"平台。

操作步骤：

（1）选择"开始"→"程序"→"用友 ERP-U810.1"→"系统服务"→"系统管理"，如图 1-5 所示。

（2）选择"系统管理"，弹出"用友 ERP-U8[系统管理]"，如图 1-6 所示。

第1章 系统平台构建 9

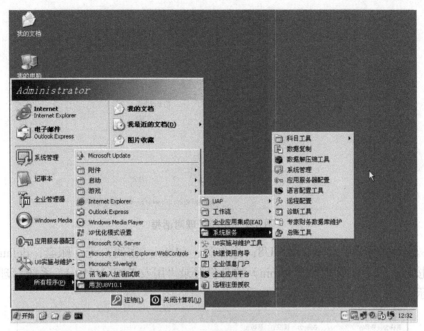

图 1-5 选择系统管理

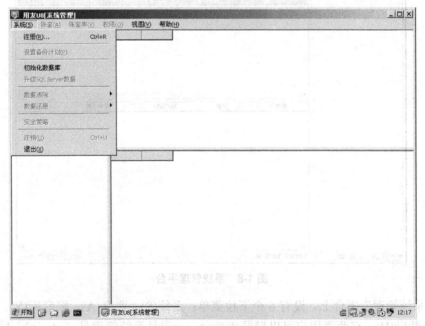

图 1-6 注册系统管理

（3）选择注册（R），弹出"系统管理登录"对话框，如图1-7所示。

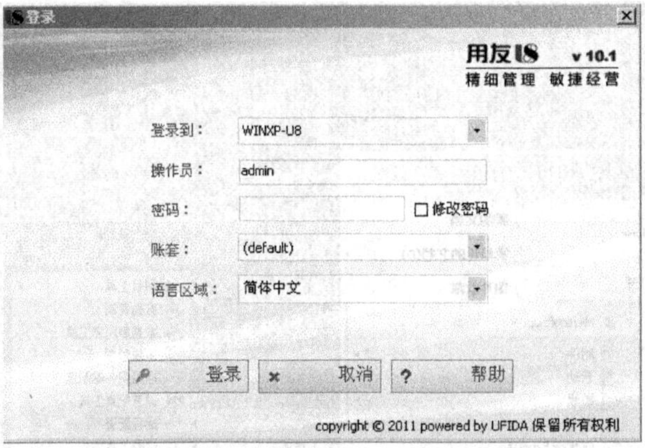

图 1-7 系统管理对话框

（4）输入"登录到：WINXP-U8；操作员：admin；密码：无；账套：default"；单击【登录】按钮，以系统管理员（admin）的身份登录"用友 ERP-U810.1"系统管理平台。如图 1-8 所示。

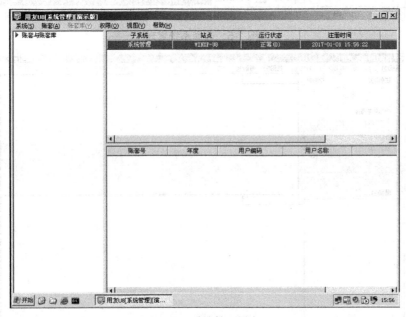

图 1-8 系统管理平台

在"系统管理"平台上。设有 6 个下拉菜单：系统(S)、账套(A)、账套库(Y)、权限(O)、视图(V)、帮助(H)。有两类用户可以登录该平台，一类是系统管理员（admin），另一类是账套主管。admin 使用系统(S)、账套(A)、权限(O)、视图(V)、帮助(H)功能菜单；账套主管用户使用系统(S)、账套(A)、账套库(Y)、权限(O)、视图(V)、帮助(H) 功能菜单。

2．创建用户

增加用户：用户编码：1000；用户名：李想。

操作步骤：

（1）选择"权限"菜单，选择"用户"命令，打开"用户管理"，如图1-9所示。

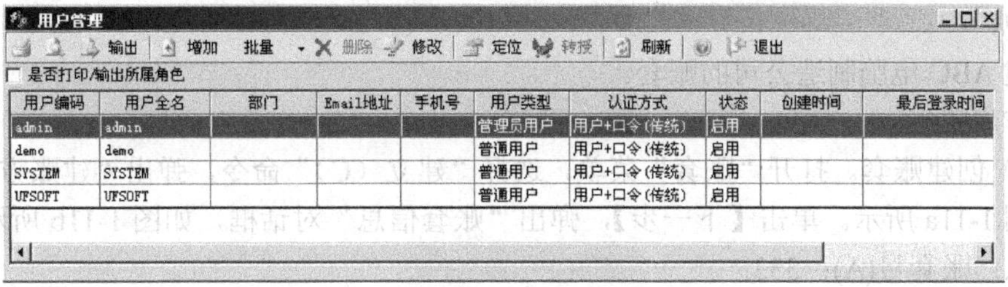

图1-9　用户管理

（2）单击【增加】按钮，打开"操作员详细情况"对话框，输入编号：1000；姓名：李想；口令：无；其他信息暂时忽略；在"所属角色"栏中，选中"账套主管"复选框，如图1-10所示。

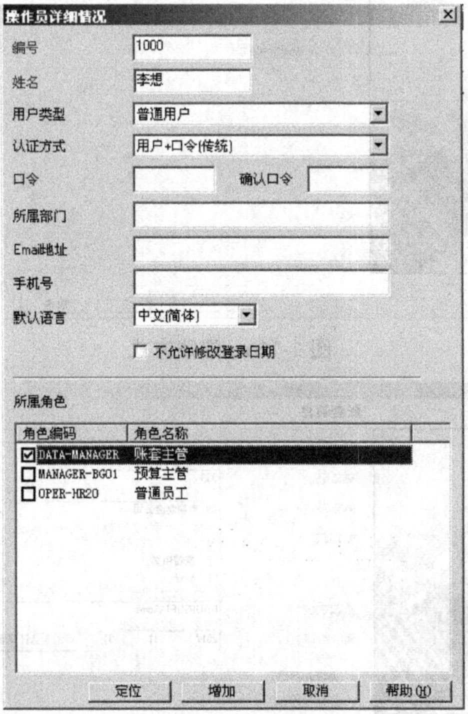

图1-10　增加用户

（3）单击【增加】和【取消】按钮，返回用户管理窗口，单击【退出】按钮，返回系统管理平台。

3. 创建账套

通常企业的数据是"以会计主体的形式体现的"。因此在信息系统使用之前，需要先创建企业账套，使之未来信息系统采集的所有管理活动数据，自动地归集到企业账套的会计科目之中。

创建 ABC 电脑制造公司的账套。

操作步骤：

（1）创建账套。打开"账套"菜单，选择"建立（C）"命令，弹出"建账方式"对话框，如图 1-11a 所示。单击【下一步】，弹出"账套信息"对话框，如图 1-11b 所示。

输入：账套号(A)：333；

账套名称(N)：ABC 电脑制造公司；

账套路径(P)：D:\U8SOFT\Admin；

启用会计期：2017.1 月。

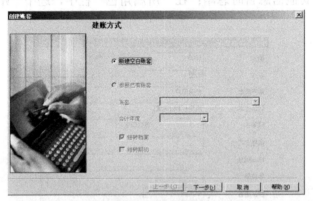

图 1-11a 建账方式

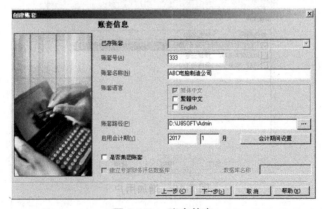

图 1-11b 账套信息

(2) 设置单位信息。单击【下一步】按钮,弹出"单位信息",如图 1-11c 所示。
输入:单位名称:ABC 电脑制造公司;
单位简称:ABC 公司。

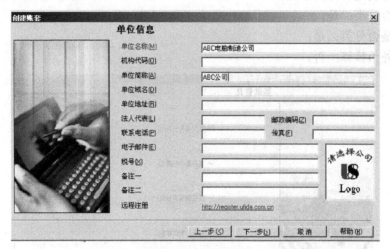

图 1-11c 单位信息

(3) 设置核算类型。单击【下一步】按钮,弹出"核算类型"信息,如图 1-12 所示。
输入:本币代码(C):RMB;
本币名称(M):人民币;
行业性质(K):2007 年新会计制度科目;
账套主管(A):[1000]李想。

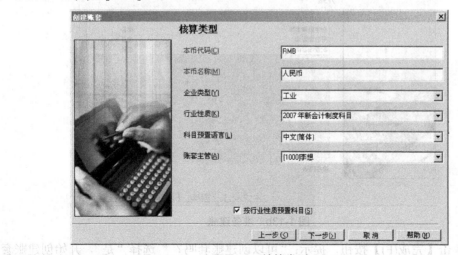

图 1-12 核算类型

（4）设置账套的"基础信息"。单击【下一步】按钮，弹出"基础信息"，如图 1-13a 所示。

输入：存货是否分类：是；
客户是否分类：是；
供应商是否分类：是；
是否有外币核算：否。

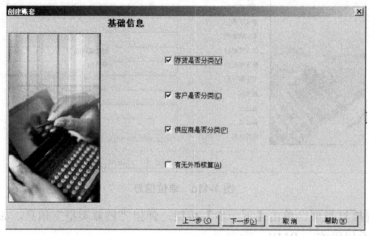

图 1-13a 基础信息

（5）单击【下一步】按钮，提示创建账套的准备信息，如图 1-13b。

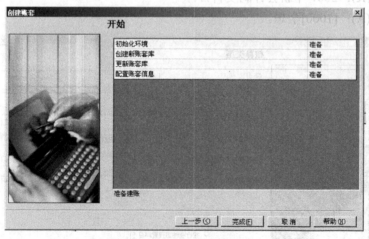

图 1-13b 准备建账

（6）单击【完成(F)】按钮，提示："可以创建账套吗？"选择"是"，开始创建账套，如图 1-13c 所示。

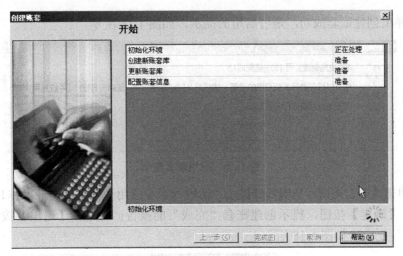

图 1-13c 开始创建账套

需等待几分钟创建账套，之后，弹出"编码方案"对话框。

设置：科目编码级次：4-2-2；

部门编码级次：2-2，如图 1-14 所示。

（7）单击【确定】按钮，保存设置，并单击【取消】按钮，弹出"数据精度"对话框，如图 1-15 默认系统设置，单击【×】按钮。

图 1-14 设置编码方案　　　　　　　　　图 1-15 数据精度设置

（8）弹出创建账套成功，是否启用的提示，如图 1-16 所示。

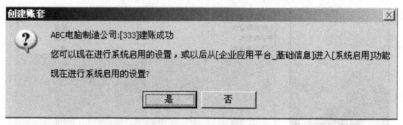

图 1-16　启用账套提示

（9）单击【否】按钮，系统管理提示"请进入企业应用平台进行企业操作！"如图 1-17 所示；单击【确定】按钮，提示创建账套"完成"的报告；再单击【退出】按钮，返回到"系统管理"平台。如图 1-18 所示。

图 1-17　企业应用平台

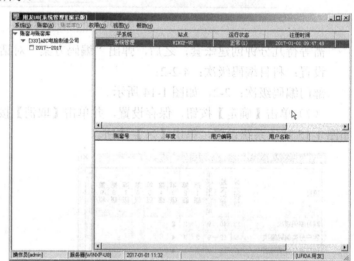

图 1-18　加入账套与账套库

在"系统管理"的账套与账套库显示："[333]ABC 电脑制造公司"，"2017—2017"年度的账套信息。至此，"企业应用平台"构建完成。

1.4.2　构建 e-HRMS 平台

众所周知 ERP 软件的"企业应用平台"，原则上是所有的企业都适用的。然而行业不同，企业不同，企业的管理需求不同，其"企业应用平台"上的管理功能也不同。

因此，构建 e-HRMS 平台需要分两步走，一步是构建所有企业都能登录的"企业应用平台"操作界面；另一步是构建用户化的企业应用平台——ABC 公司的"e-HRMS 应用平台"，也称为用户化的企业应用平台。

1．构建企业应用平台

操作步骤：

（1）选择"开始"→"所有程序"→"用友 ERP-U810.1"→"企业应用平台"命令。在登录界面中选择"登录到：WINXP-U8；操作员：1000；密码：无；账套：[333]ABC 电脑制造公司；操作日期：2017-01-01"。如图 1-19 所示。

图 1-19　登录"企业应用平台"

（2）单击【登录】按钮，登录"企业应用平台"，如图 1-20 所示。

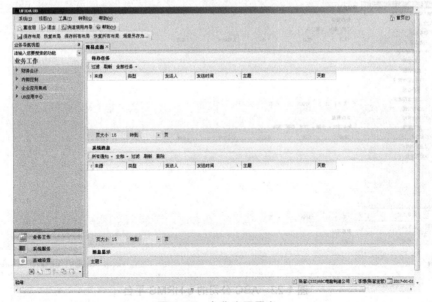

图 1-20　企业应用平台

2. 构建用户化的 e-HRMS 平台

参考图 1-4 所示的人力资源管理模式，启用模块 HR 基础设置、人事管理、薪资管理、保险福利管理、考勤管理、人事合同管理、招聘管理、培训管理、绩效管理、员工自助。

操作步骤：

（1）以账套主管的身份进入"企业应用平台"平台，选择"基础设置"→"基本信息"→"系统启用"选项，弹出"系统启用"对话框。

（2）在"系统启用"对话框，选择"HR 基础设置"复选框，如图 1-21 所示。

（3）单击【今天】按钮，弹出系统提示"确定要启用当前系统吗？"单击【是】按钮，完成系统启用，系统自动记录启用的自然日期和启用人。

（4）按上述操作继续启用人事管理、薪资管理、保险福利管理、考勤管理、人事合同管理、招聘管理、培训管理、绩效管理、员工自助。

图 1-21　系统启用操作

（5）单击【退出】按钮，返回企业应用平台，如图 1-22 所示。

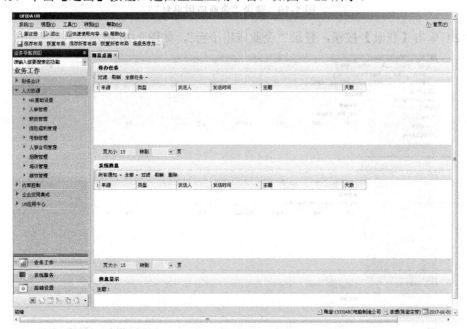

图 1-22　ABC 公司的 e-HRMS 平台

此时，ABC 公司所有的被授了权的用户都可以登录该平台。

3．e-HRMS 平台应用案例

通常在 e-HRMS 平台上有许多员工在工作，信息系统称为用户。例如，人事专员要进入 e-HRMS 平台工作，则先要在系统中注册"人事专员"。

（1）增加角色。

操作步骤：

① 登录"系统管理"平台。选择"权限"→"角色"选项，弹出"角色管理"。

② 单击【增加】按钮，弹出"角色详细情况"对话框，输入："角色编码：OPER-HR10；角色名称：人事专员"，如图 1-23 所示。

③ 单击【增加】和【取消】按钮，返回"角色管理"。

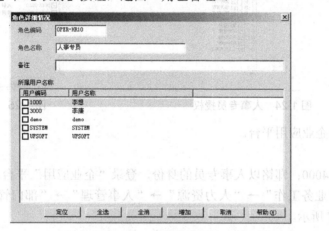

图 1-23　增加角色

（2）角色授权。对新增的人事专员角色进行授权。

操作步骤：

① 登录"系统管理"平台。选择"权限"→"权限"选项，弹出"操作员权限"。

② 选择左窗口中的角色："人事专员"；打开右窗口人力资源模块。

③ 单击【修改】按钮，选中"人事管理"复选框，即将人事管理授权给人事专员，如图 1-24 所示。

④ 单击【保存】&【退出】按钮，返回"系统管理"平台。

（3）增加用户。增加人事专员的用户。

操作步骤：

① 登录"系统管理"平台。选择"权限"→"用户"选项，弹出"用户管理"。

② 单击【增加】按钮，输入：用户编码：4000；用户名：郑铭；连接人事专员角色。如图 1-25 所示。

③ 单击【增加】和【取消】按钮，返回"用户管理"窗口。

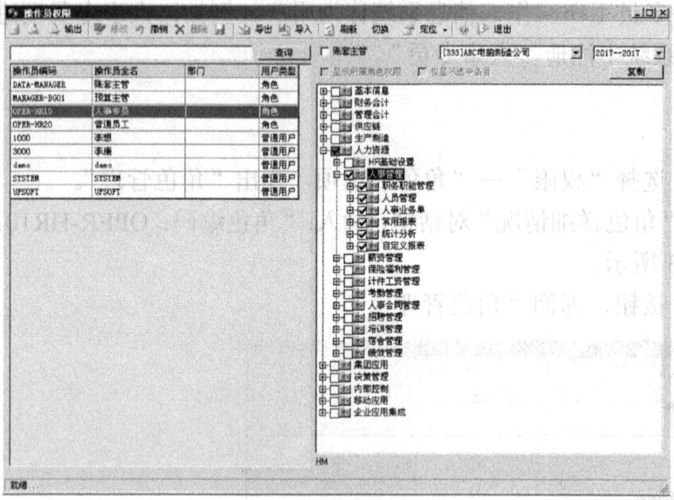

图 1-24　人事专员授权 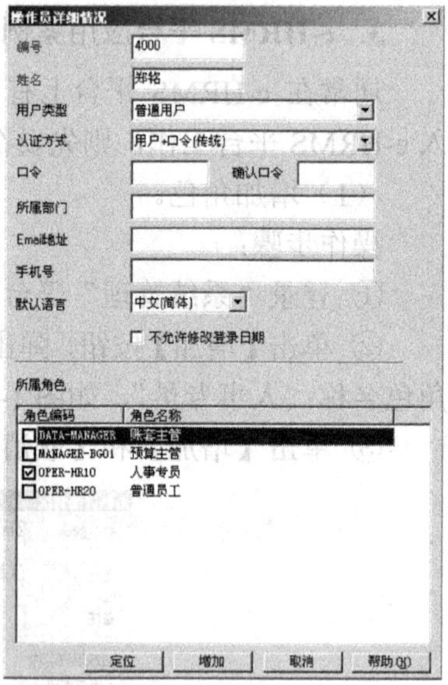　　　　　　　图 1-25　增加人事专员用户

（4）登录企业应用平台。

操作步骤：

① 用户：4000；郑铭以人事专员的身份，登录"企业应用"平台，如图 1-26 所示。

② 选择"业务工作"→"人力资源"→"人事管理"→"部门管理"，打开"部门列表"，如图 1-27 所示。

郑铭用户进入 ABC 公司的 e-HRMS 平台。

至此，用户化的"企业应用平台"构建完成。

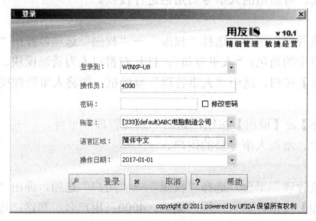

图 1-26　人事专员登录

图 1-27　人事部门的工作平台

1.4.3　账套备份

为了避免一些不可预测的事件发生，通常企业会将信息系统中的账套输出到系统外部，称为账套输出。如果系统重新安装后，便可以将账套从系统外部引入系统里。

1．账套备份

操作步骤：

（1）登录"系统管理"平台。选择"账套"→"输出"，弹出"账套输出"对话框，如图 1-28 所示。

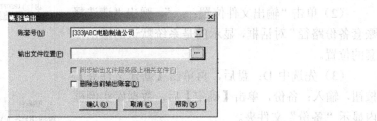

图 1-28　账套输出

（2）单击"输出文件位置：…"，弹出"请选择账套备份路径"对话框，显示的是系统默认的输出账套的位置，如图 1-29 所示。

（3）先选中 D：盘后，再单击【新建文件夹】按钮，输入：实验账套一，如图 1-30 所示，单击【确定】后，数据库实例框内显示"实验账套一"文件夹。

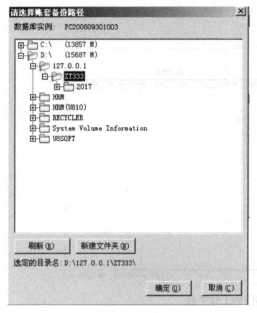
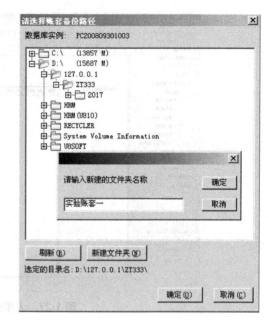

图 1-29 选择账套备份路径　　　　　图 1-30 新建文件夹

（4）选中"实验账套一"，单击【确定】，如图 1-31 所示。

（5）账套开始输出，稍等一会儿，弹出"输出成功"，单击【确定】，完成账套的输出。

2. 账套删除

操作步骤：

（1）登录"系统管理"平台。选择"账套"→"输出"，弹出"请选择备份文件路径"对话框。

（2）单击"输出文件位置：…"，弹出"请选择账套备份路径"对话框，显示的是系统默认的输出账套的位置。

（3）先选中 D：盘后，再单击【新建文件夹】按钮，输入：备份，单击【确定】后，数据库实例框内显示"备份"文件夹。

（4）选中"备份"，单击【确定】，选中"删除当前账套"复选框如图 1-32 所示。

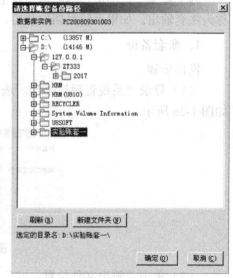

图 1-31 选择文件夹

（5）单击【确认】按钮。该账套输出，稍等一会儿，弹出"真的要删除吗""输出成功""确定"。返回"系统管理"平台，"账套与账套库"中的[333]ABC 电脑制造公司账套被删除了。

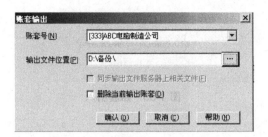

图 1-32　选中删除当前输出账套

3. 账套引入

操作步骤：

（1）登录"系统管理"平台。选择"账套"→"引入"，弹出"请选择备份文件路径"对话框。

（2）选择 D：盘的"实验账套一文件夹"→"UfErpAct.Lst"，如图 1-33 所示；单击【确定】，弹出"系统管理：请选择账套引入目录，当前默认路径为 D:\"，单击【确定】。

（3）弹出"请选择账套引入的目录"，选择"实验账套一"，如图 1-34 所示，单击【确定】所示。

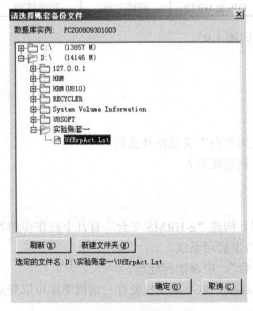
图 1-33　选择引入文件

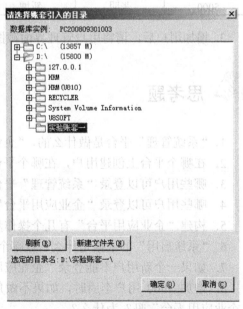
图 1-34　账套引入

（4）单击【确定】按钮。如图 1-35 所示，等待账套引入，确定"账套引入成功"。返回"系统管理"平台，"账套与账套库"中显示：[333]ABC 电脑制造公司账套。

图 1-35　账套引入

练习题

1. 创建[222]南方小家电的账套，并按人力资源管理模型启用系统。
2. 创建表 1-1 中的用户。

表 1-1　用户/角色资料

用户编号	用户姓名	角色状态	角色编码	角色名称	授权模块
2000	周华	新增	OPER-HR11	薪资专员	薪资管理
3000	李康		OPER-HR20	普通员工	
5000	张明	新增	OPER-HR12	招聘专员	招聘管理

3. 增加用户后，请将用户管理界面截图（同图 1-9）。

思考题

1. "系统管理"平台是做什么的，"企业应用平台"又是做什么的？
2. 在哪个平台上创建用户，在哪个平台上创建账套？
3. 哪些用户可以登录"系统管理"平台？
4. 哪些用户可以登录"企业应用平台"？
5. 构建"企业应用平台"有几个操作步骤？构建"e-HRMS 平台"有几个操作步骤？
6. "系统启用"的依据是什么？在哪个平台上启用系统？
7. 如果一个新用户不能登录"企业应用平台"，应该如何处理？
8. 增加 3000 用户李康时，如果不做角色连接，也不做授权处理。请问李康可以登录"企业应用平台"吗？为什么？

第 2 章

组织管理

学习目标
- 了解组织管理的概念和内容
- 理解组织管理的信息模型
- 掌握组织管理的实务案例

学习技能
- 学会整理组织管理资料的基本技能
- 学会组织管理信息系统平台作业的基本技能
- 学会组织、岗位、员工的数据结构处理技能

2.1 背景知识

2.1.1 组织管理概述

从广义上说,组织是指由诸多要素按照一定方式相互联系起来的系统。从狭义上说,组织是指人们为实现一定的目标,互相协作结合而成的集体或团体,如党团组织、工会组织、企业、军事组织等。狭义的组织专门就人群而言,运用于社会管理之中。在现代社会生活中,组织是人们按照一定的目的、任务和形式编制起来的社会集团,组织不仅是社会的细胞、社会的基本单元,甚至可以说是社会的基础。

美国管理学家哈罗德·孔茨认为，为了使人们能为实现目标而有效地工作，要按任务或职位制定一套合适的职位结构，这套职位结构的设置就是组织。

组织管理是指通过建立组织结构，规定职务或职位，明确责权关系等，以有效实现组织目标的过程。

具体地说，组织管理是对建立健全管理机构，合理配备人员，制定各项规章制度等工作的总称。为了有效地配置企业内部的有限资源，为了实现一定的共同目标而按照一定的规则和程序构成的一种责权结构安排和人事安排，其目的在于确保以最高的效率，实现组织目标。

从管理学的角度，所谓组织（Organization），是指一个社会实体，它具有明确的目标导向、精心设计的结构与有意识协调的活动系统，同时又同外部环境保持密切的联系。

2.1.2 组织管理内容

组织管理是建立组织结构，规定职务或职位，明确责权关系等，以有效实现组织目标的过程，使人们明确组织中有些什么工作、谁去做什么、工作者承担什么责任、具有什么权力、与组织结构中上下左右的关系如何等。只有这样才能避免由于职责不清造成的执行中的障碍，保证组织目标。

组织管理的内容有三个方面：组织设计、组织运作、组织调整。

组织设计。它包括组织机构的设计、岗位设计和岗位工作说明书的设计。

组织运作。它包括部门组织结构图、岗位机构图、岗位工作说明书、部门/员工结构图一套完整的有结构层次的、有责权的、有数据的、规范的信息资料。这些资料是企业组织运作中资源配置的依据。

组织调整。参考第 3 章。

2.2 组织管理系统

2.2.1 认知组织的数据

1. 如何设计组织结构的数据

企业里的组织结构承担着决策支持、决策实施及业务控制等任务。在企业发展的历史中，企业的组织结构出现过直线制、职能制、直线职能制、事业部制等多种形式。

目前企业通常采用直线制的组织结构形式。组织管理中的文件、数据、规则、政策都采用文字形式进行书写、存放、更改、复制、转发。

由于企业是有生命周期的，在企业的发展、成长、成熟、衰退四个阶段中，组织机构是在不断变化的，相应的文件、数据、规则、政策也在不停地变动。很明显组织结构也是一个变量，一个数据结构类型的变量，如图 2-1 所示，它是组织管理中的基础数据。

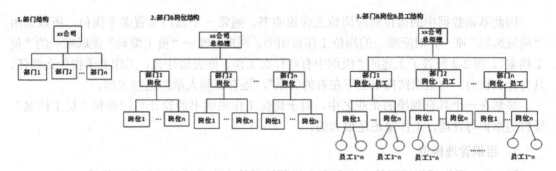

图 2-1 组织数据类型

在组织数据类型中，有组织结构数据、组织与岗位结构数据、部门与岗位与员工的结构数据。其特点有单一部门的结构数据、简单链接的部门&岗位结构数据、复杂链接的部门&岗位&员工的结构数据。

组织结构数据不仅展示了企业的规模，而且还表达了部门与部门之间、部门与岗位之间及部门与岗位与员工之间的关系。

2．如何设计每一位员工的职责

当组织设计完成后，接下来首先是设计岗位，设计组织中有哪些工作；确定岗位后，设计岗位工作说明书、工作目标、责权等规定职务和职责；确定岗位说明书之后，分配员工到合适的岗位上，如图 2-2 所示。

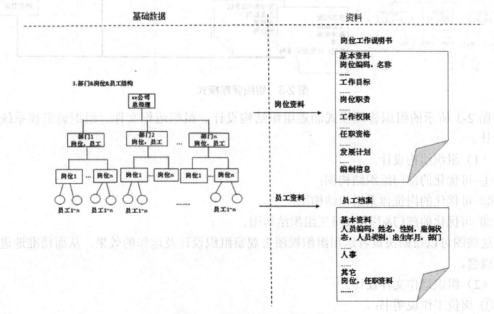

图 2-2 基础数据与资料的关系

因此基础数据中的岗位对应岗位工作说明书。通常一个部门设置多个岗位,所以采用"岗位编码"唯一,对应唯一的岗位工作说明书。同理,唯一"员工编码"关联唯一的"员工档案"。图 2-2 回答了上述的"组织中有些什么工作、谁去做什么、工作者承担什么责任、具有什么权力、与组织结构中上下左右的关系",还有哪些人承担这些工作。

显然在一个具有规模的企业之中,对于岗位工作说明书的设计与管理和"员工档案"资料的维护与管理,工作量还是很大的。

3. 组织管理模型

图 2-3 是根据组织管理的内容和人力资源管理的内容设计的组织管理模式。

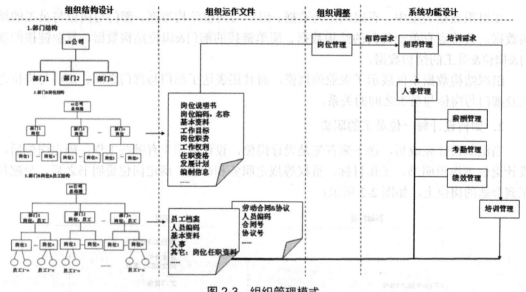

图 2-3 组织管理模式

图 2-3 所示的组织管理模式涵盖组织结构设计、组织运作文件、组织调整和系统功能设计。

(1)组织结构设计。
① 可优化的部门组织结构图;
② 可优化的岗位体系组织结构图;
③ 可优化的部门&岗位&员工组织结构图。

这些图可以帮助决策者运用组织视图去观察组织设计及运作的效果,从而精准地进行组织调整。

(2)组织运作文件设计。
① 岗位工作说明书;
② 员工档案;

③ 劳动合同&协议条款。

（3）系统功能设计。系统功能包括岗位工作说明书与岗位管理的紧密连接。员工档案与岗位、部门的紧密连接。以及组织管理基础数据、组织运作文件与人力资源管理系统的密切连接。并由这些基础数据和文件构建的 e-HRMS。

4. 管理模式的工作原理

（1）图 2-3 是以组织管理为基础数据的一个高度集成的组织管理模式。当组织设计、组织运作文件规范后，人力资源管理系统共享这些数据和文件，改变传统手工设计与处理文件的工作方式，可以实时地维护和查询组织和岗位体系数据结构视图、员工与部门视图。

（2）组织管理模式通过组织结构的岗位编码，系统自动地检索到岗位工作说明书，帮助了解特定岗位的工作目标、职务或职位，明确责权等信息。

（3）组织管理模式通过组织结构的员工编码，系统自动地检索到员工的档案、劳动合同、协议条款，并可以帮助管理者们关注员工的发展和员工的职业生涯。

2.2.2 典型案例

1. 案例描述

本章模拟 ABC 电脑制造公司进行组织设计，包括部门组织结构设计、部门/岗位组织结构设计、部门/岗位/员工组织结构设计。

2. 工作任务

本章的组织管理工作任务是针对 ABC 公司的组织设计，要完成以下五个学习任务和技能。

任务 1：设计 ABC 公司的部门结构图；

任务 2：设计 ABC 公司的部门/岗位结构图；

任务 3：设计 ABC 公司的部门/岗位/员工结构图；

任务 4：输入 ABC 公司的员工档案；

任务 5：员工档案输入后，请输出账套。账套名称：实验账套二。

2.2.3 解决方案

组织管理模型完成了对书面形式的组织结构图和员工档案的信息化处理，并在 e-HRMS 平台上完成组织结构数据设计，及由 e-HRMS 展示部门组织结构图、部门/岗位结构图、部门/岗位/员工组织结构图。更重要的是，图 2-3 组织管理模式构建了人力资源管理"以人为本"信息系统支撑的工作环境。

基于 e-HRMS 平台的组织管理模式，系统支持以下三个方面的工作。

（1）企业部门的设计、更改及查询；

（2）企业岗位的设计、更改及查询；

（3）企业员工档案的维护和查询。

2.3 组织管理实务准备

2.3.1 工作环境

（1）修改：XP Windows 桌面上的系统日历为 2017.1.1；

（2）导入：[333]e-HRMS 实验一账套，参考附录 1；

（3）以用户 1000 李想的身份登录 ABC 公司的 e-HRMS 平台。

2.3.2 工作内容

1. 企业组织部门的设计

（1）输入：表 2-1　ABC 公司部门资料；

（2）查询：部门结构图表。

2. 企业岗位体系设计

（1）输入：表 2-4　ABC 公司岗位资料；

（2）查询：部门&岗位结构图。

3. 企业员工档案设计

（1）输入：表 2-6　ABC 公司员工档案；

（2）查询：部门&员工结构图表。

2.3.3 工作资料

（1）表 2-1　ABC 公司部门档案资料；

（2）表 2-4　ABC 公司部门&员工档案资料；

（3）表 2-6　ABC 公司部门&岗位档案资料。

2.4 组织管理实务

2.4.1 组织机构设计

组织机构设计，将手工管理中用 Excel 做的部门档案资料输入 e-HRMS 系统，并学会从

e-HRMS 平台上查看到企业的组织机构图。

表 2-1 ABC 公司部门档案资料

序 号	部门编码	部门名称	成立时间
1	01	总裁办	2005-01-01
2	02	人力资源部	2008-01-01
3	03	技术部	2007-01-01
4	0301	产品设计组	2003-01-01
5	0302	工艺设计组	2003-01-01
6	04	采购部	2007-01-01
7	0401	金属采购组	2001-01-01
8	0401	组件采购组	2001-01-01
9	05	物流部	2010-01-01
10	0501	原材料仓库	2002-01-01
11	0502	半成品仓库	2002-01-01
12	0503	产成品仓库	2002-01-01
13	06	生产部	2001-01-01
14	0601	总装车间	2001-01-01
15	0602	部装车间	2005-01-01
16	07	销售部	2001-01-01
17	0701	直营组	2001-01-01
18	0702	专卖组	2010-01-01
19	0703	电商组	2014-01-01
20	08	财务部	2001-01-01
21	0801	成本组	2001-01-01
22	0802	会计组	2001-01-01

1．组织机构设计

（1）输入部门档案资料。

操作步骤：

① 登录"企业应用平台"，单击"基础设置"标签，选择"基础档案"→"机构人员"→"部门档案"，打开"部门档案"。

② 单击【增加】按钮，输入表 2-1"ABC 公司的部门档案资料"，如图 2-4 所示。

③ 单击【保存】按钮。如果需要修改，单击【修改】按钮，可以修改相关资料。

图 2-4 部门档案

（2）查询部门结构图。

操作步骤：

① 登录"企业应用平台"，单击"业务工作"标签，选择"人力资源"→"人事管理"→"组织机构"→"组织机构图"，打开"组织机构图"。

② 单击"ABC 电脑公司"，如图 2-5 所示。

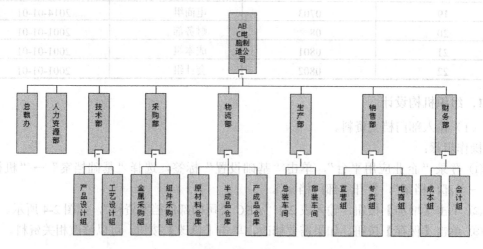

图 2-5 组织机构图

2.4.2 岗位结构设计

企业岗位设计,将手工管理中用 Excel 做的岗位档案资料输入 e-HRMS 系统,并学会从 e-HRMS 平台上查看到企业的岗位体系数据结构图。

1. 设置

(1)岗位分类设置。

操作步骤:

① 登录"企业应用平台",单击"基础设置"标签,选择"基础档案"→"机构人员"→"岗位序列",打开"岗位序列"。

② 单击【增加】按钮,弹出"增加档案项"对话框,输入表 2-2"岗位序列资料",如图 2-6 所示。

表 2-2 岗位序列资料

岗位序列编码	岗位序列名称
1	经营管理
2	市场营销
3	生产运营
4	职能支持

图 2-6 岗位序列

③ 单击【保存】按钮,单击【取消】按钮,退出对话框。如果需要修改,单击【修改】按钮,可以修改相关资料。

(2)岗位等级设置。

操作步骤:

① 登录"企业应用平台",单击"基础设置"标签,选择"基础档案"→"机构人员"→"岗位等级",打开"岗位等级"。

② 单击【增加】按钮,弹出"增加档案项"对话框,输入表 2-3"岗位等级资料",如图 2-7 所示。

表 2-3 岗位等级资料

岗位序列编码	档案名称
1	无等级
2	等级 a
3	等级 b
4	等级 c
5	等级 d
6	等级 e
7	等级 f

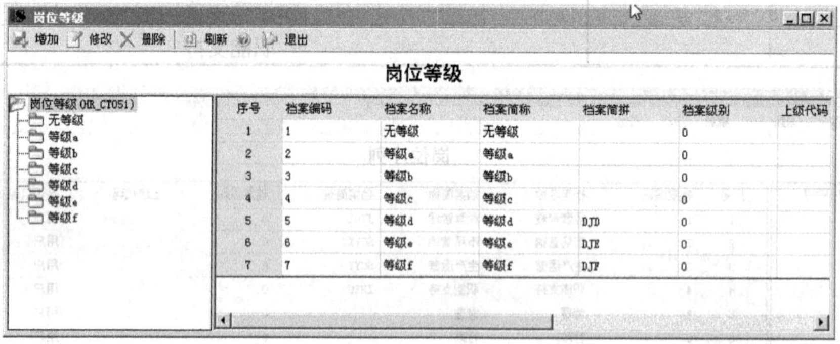

图 2-7 岗位等级

③ 单击【保存】按钮,单击【取消】按钮,退出对话框。如果需要修改,单击【修改】按钮,可以修改相关资料。

2. 输入岗位档案资料

操作步骤:

(1)登录"企业应用平台",单击"业务工作"标签,选择"人力资源"→"人事管理"→"组织机构"→"岗位管理",打开"岗位管理"。

(2)单击【增加】按钮,弹出"岗位管理",输入表 2-4"ABC 公司岗位档案资料",如图 2-8 所示。

（3）单击【保存】和【退出】按钮。

表 2-4　ABC 公司岗位档案资料

岗位编码	岗位名称	岗位序列	岗位等级	所属部门	直接上级	成立时间
001	总经理	经营管理	等级 a	总裁办		2008-01-01
002	技术总监	经营管理	等级 b	总裁办	001	2008-01-01
003	生产总监	经营管理	等级 b	总裁办	001	2008-01-01
004	人力资源部长	经营管理	等级 b	人力资源部	001	2008-01-01
005	人事专员	职能支持	等级 c	人力资源部	004	2009-01-01
006	薪酬专员	职能支持	等级 c	人力资源部	004	2009-01-01
007	技术部长	职能支持	等级 b	技术部	002	2008-01-01
008	产品工程师	职能支持	等级 c	技术部	007	2002-01-01
009	工艺工程师	职能支持	等级 c	技术部	007	2003-01-01
010	采购部长	经营管理	等级 b	采购部	003	2008-01-01
011	采购经理	生产运营	等级 c	采购部	010	2008-01-01
012	采购业务员	生产运营	等级 d	采购部	011	2008-01-01
015	物流部长	经营管理	等级 b	物流部	003	2013-01-01
016	仓库管理员	生产运营	等级 c	物流部	013	2002-01-01
015	生产部长	经营管理	等级 b	生产部	003	2001-01-01
016	生产计划员	生产运营	等级 c	生产部	015	2001-01-01
017	总装车间主任	生产运营	等级 d	总装车间	015	2001-01-01
018	总装生产线长	生产运营	等级 e	总装车间	017	2001-01-01
019	总装生产工	生产运营	等级 f	总装车间	018	2001-01-01
020	部装车间主任	生产运营	等级 c	部装车间	015	2005-01-01
021	部装生产线长	生产运营	等级 e	部装车间	020	2005-01-01
022	部装生产工	生产运营	等级 f	部装车间	021	2005-01-01
023	销售部长	经营管理	等级 b	销售部	001	2001-01-01
024	销售业务员	生产运营	等级 c	销售部	023	2001-01-01
025	财务部长	经营管理	等级 b	财务部	001	2001-01-01
026	财务会计	职能支持	等级 c	会计组	025	2001-01-01
027	成本会计	职能支持	等级 c	成本组	025	2001-01-01
028	出纳	职能支持	等级 c	会计组	025	2001-01-01

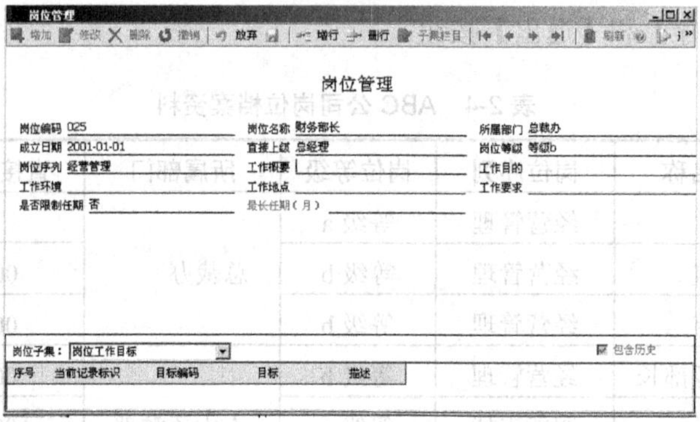

36　ERP人力资源管理实务

图 2-8　岗位管理

3．部门&岗位结构图

操作步骤：

（1）登录"企业应用平台"，单击"业务工作"标签，选择"人力资源"→"人事管理"→"组织机构"→"组织机构图"，打开"组织机构图"。

（2）单击"岗位体系"，如图 2-9 所示。

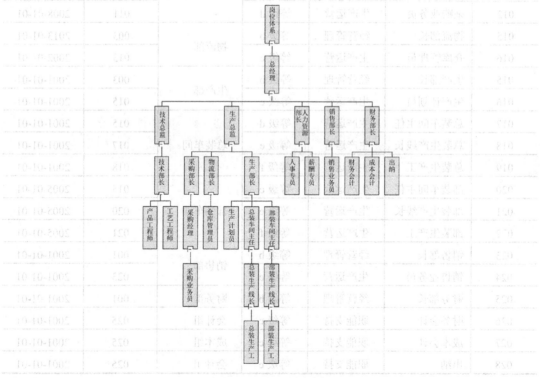

图 2-9　岗位结构图

2.4.3 员工档案设计

员工档案（又称员工主文件）的设计与应用，可以与"以人为本"的管理原则结合起来。将手工管理中用 Excel 做的员工档案资料输入 e-HRMS 系统，在 e-HRMS 平台上，可以查看到部门员工数据结构图。

1. 设置

表 2-5 人员类别

人员类别编码	人员类别名称
104	聘用工

操作步骤：

（1）登录"企业应用平台"，单击"基础设置"标签，选择"基础档案"→"机构人员"→"人员类别"，打开"人员类别"。

（2）单击【增加】按钮，弹出"增加档案项"，输入表 2-5"人员类别"资料，如图 2-10 所示。

（3）单击【保存】按钮。如果需要修改，单击【修改】按钮，可以修改相关资料。

图 2-10 人员类别

2. 输入员工档案资料

表 2-6 ABC 公司员工档案资料

人员编码	姓名	性别	部门	雇佣状态	人员类别	出生日期	岗位	任职开始时间
			基本				其他	
0001	张亮	男		在职	正式工	1968-02-03	总经理	2010-01-01
0002	赵明	男	总裁办	在职	正式工	1972-05-24	技术总监	2010-01-01
0003	李辉	男		在职	正式工	1973-06-12	生产总监	2010-01-01

续表

	基		本				其	他
人员编码	姓名	性别	部门	雇佣状态	人员类别	出生日期	岗位	任职开始时间
0004	刘佳	女	人力资源部	在职	正式工	1973-03-03	HR经理	2013-01-01
0005	马丽	女	人力资源部	在职	正式工	1985-06-02	人事专员	2013-01-01
0006	孙梅	女	人力资源部	在职	正式工	1983-02-03	薪资专员	2013-01-01
0007	张海	男	技术部	在职	正式工	1972-02-03	技术部长	2012-01-01
0008	尚谊	男	技术部	在职	正式工	1977-11-17	产品工程师	2008-01-01
0009	王宏	男	技术部	在职	正式工	1973-07-08	工艺工程师	2009-01-01
0010	李涛	男	采购部	在职	正式工	1976-10-19	采购部长	2009-01-01
0011	梁明	男	采购部	在职	正式工	1978-12-03	采购经理	2010-01-01
0012	肖强	男	采购部	在职	正式工	1980-04-05	采购业务员	2012-01-01
0013	张媛	女	物流部	在职	正式工	1981-01-03	物流部经理	2013-01-01
0014	杨娟	女	物流部	在职	正式工	1982-02-03	仓库管理员	2011-01-01
0015	赵粤	男	物流部	在职	正式工	1982-06-15	仓库管理员	2010-01-01
0016	马强	男	物流部	在职	正式工	1971-04-11	仓库管理员	2006-01-01
0017	李勋	男	生产部	在职	正式工	1979-05-10	生产部长	2009-01-01
0018	吴坚	男	生产部	在职	正式工	1986-09-12	生产计划员	2010-01-01
0019	翁玲	女	总装车间	在职	正式工	1980-07-08	总装车间主任	2012-01-01
0020	姚明	男	总装车间	在职	正式工	1983-08-07	总装生产线长	2011-01-01
0021	赵阳	男	总装车间	在职	正式工	2003-05-07	总装生产员工	2011-01-01
0022	周娟	女	部装车间	在职	正式工	1991-09-06	部装车间主任	2012-01-01
0023	刘强	男	部装车间	在职	正式工	1984-10-05	部装生产线长	2010-01-01
0024	萧遥	女	部装车间	在职	正式工	2004-08-12	部装生产员工	2010-01-01
0025	周洋	男	销售部	在职	正式工	1985-11-04	销售部长	2012-01-01
0026	李华	男	销售部	在职	正式工	1986-12-02	销售业务员	2011-01-01
0027	张明	男	销售部	在职	正式工	1989-02-12	销售业务员	2010-01-01
0028	朱喜	男	财务部	在职	正式工	1984-08-09	财务部经理	2008-01-01
0029	刘玫	女	成本组	在职	正式工	1986-09-22	成本会计	2011-01-01
0030	郑丽	女	财务组	在职	正式工	1988-07-10	财务会计	2012-01-01
0031	郑旭	女	财务组	在职	正式工	1990-05-03	出纳	2010-01-01

操作步骤:

(1) 登录"企业应用平台",单击"业务工作"标签,选择"人力资源"→"人事管理"→"人员管理"→"人员档案",打开"人员档案"。

(2) 单击【增加】按钮,弹出"人员档案",输入表 2-6 "ABC 公司员工档案资料",如图 2-11 所示。

(3) 单击"其它"标签,单击【增行】按钮,输入岗位与任职资料。

(4) 单击【保存】按钮,继续下一位员工资料的输入。

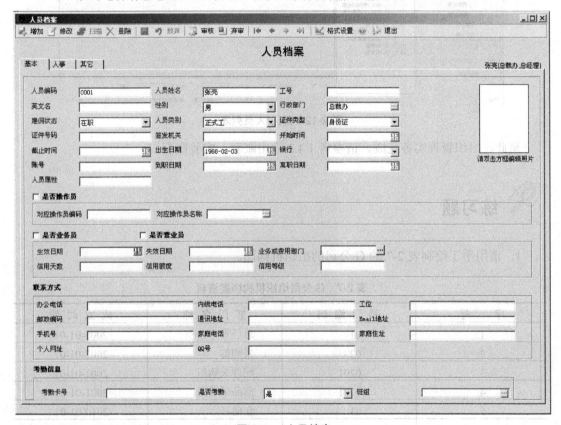

图 2-11 人员档案

3. 部门&员工关系图

操作步骤:

(1) 登录"企业应用平台",单击"业务工作"标签,选择"人力资源"→"人事管理"→"人员管理"→"人员档案",打开"人员档案"。

(2) 显示表 2-6 "ABC 公司员工档案资料",部门与员工列表明细,如图 2-12 所示。

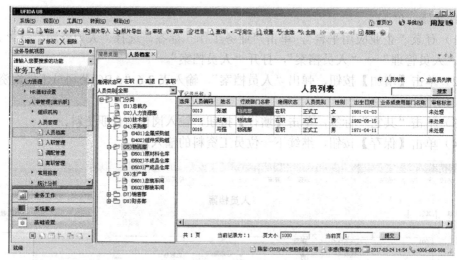

图 2-12 部门/人员列表

至此,组织管理实务完成。请参考 1.4.2 输出账套:实验账套二。

练习题

1. 请用手工绘制表 2-7 的 G 公司的组织机构图。

表 2-7 G 公司组织机构档案资料

序 号	部 门 编 码	部 门 名 称	成 立 时 间
1	01	总经理办公室	2005-01-01
2	02	采购部	2007-01-01
3	0201	配件采购组	2001-01-01
4	0201	商品采购组	2001-01-01
5	03	仓储部	2010-01-01
6	0301	配件仓库	2002-01-01
7	0302	商品仓库	2002-01-01
8	04	销售部	2001-01-01
9	0401	空调销售组	2001-01-01
10	0402	冰箱销售组	2010-01-01
11	05	财务部	2001-01-01
12	0501	成本组	2001-01-01
13	0502	会计组	2001-01-01

2. 请用手工绘制表 2-8 的 ABC 公司的岗位体系图。

表 2-8 ABC 公司岗位体系档案资料

岗位编码	岗位名称	岗位序列	岗位等级	所属部门	直接上级	成立时间
001	总经理	经营管理	等级 a	总经理办公室		2002-01-01
002	采购部长	经营管理	等级 b		001	2002-01-01
003	配件采购经理	生产运营	等级 c		002	2002-01-01
004	配件采购员	生产运营	等级 d	采购部	003	2002-01-01
005	商品采购经理	生产运营	等级 c		002	2002-01-01
006	商品采购员	生产运营	等级 d		003	2002-01-01
007	仓储部长	经营管理	等级 b		001	2002-01-01
008	配件仓管员	生产运营	等级 d	仓储部	007	2002-01-01
009	商品仓管员	生产运营	等级 d		007	2002-01-01
010	销售部长	经营管理	等级 b		001	2002-01-01
011	空调销售经理	生产运营	等级 c		010	2002-01-01
012	空调销售员	生产运营	等级 d	销售部	011	2002-01-01
013	冰箱销售经理	生产运营	等级 c		010	2002-01-01
014	冰箱销售员	生产运营	等级 d		011	2002-01-01
015	财务部长	经营管理	等级 b	财务部	001	2002-01-01
016	财务会计	职能支持	等级 c	会计组	015	2002-01-01
017	成本会计	职能支持	等级 c	成本组	015	2002-01-01
018	出纳	职能支持	等级 c	会计组	015	2002-01-01

思考题

1. 组织管理的目的是什么？
2. 组织管理的内容有哪些？
3. 组织的数据属于什么类型？
4. 组织管理信息模型有哪几种？
5. 组织管理有哪些工作内容？
6. 组织管理中需要整理哪些资料？
7. 组织管理中需要设计哪些图？
8. 简述组织管理实务的作业过程。

第 3 章 岗位管理

学习目标

- 了解岗位管理的概念和内容
- 理解岗位管理信息模型
- 掌握岗位管理的实务

学习技能

- 学会整理"岗位工作说明书"基础资料的技能
- 学会岗位管理信息系统平台作业的基本技能
- 掌握岗位规划数据处理与分析的基本技能
- 掌握一个完整的岗位过程管理的基本技能

3.1 背景知识

3.1.1 岗位管理的概念

岗位管理的意义在于科学地规划人力资源,有效地开展经营活动;合理地配置劳动用工,防止因职务重叠而发生的工作扯皮现象;提高内部竞争活力,更好地发现和使用人才;有效地组织考核工作;提高工作效率和工作质量;规范操作行为。

岗位通常是根据企业经营运作需要所设置的工作位置,所谓工作是依据岗位职责从事的活动。岗位管理的意义在于依据"岗位工作说明书"的任职规则,帮助所有在岗员工正确地执行企业的一系列经营运作活动。

3.1.2 岗位管理的内容

岗位管理主要包括工作岗位分析、岗位工作说明书设计、岗位工作说明书应用及岗位编制管理。

工作岗位分析。主要是对工作岗位的性质、职责权限、岗位关系、劳动条件和环节、员工承担任务及具备的资格条件进行系统的研究,并制定工作说明书及人事规范。

岗位工作说明书设计。规范设计岗位说明书的内容包括基本资料、工作目标、岗位职责。

岗位工作说明书应用。它涉及信息平台的问题,是采用书面形式的应用,还是采用信息系统平台的应用,后者需要进行书面形式的信息化处理。

岗位编制管理。它涉及实际编制和计划编制相比较的计算方法,需要进行数据处理。

对于工作岗位分析、岗位工作说明书设计而言,涉及知识方面的技能要多一些,而岗位工作说明书应用、岗位编制管理却是日常的工作,所以后者是本章学习的重点。

3.2 岗位管理系统

3.2.1 岗位管理模式

由于"岗位工作说明书"是组织管理中的重要资料,它承载着大量的信息,包括工作性质、工作目标、岗位职责、工作权限、任职资格、发展计划、工作环境和条件、岗位定额、岗位要求及规定等。而且"岗位工作说明书"目前在企业里得到了普及性的应用。但是在不同的信息平台,其效果也是不同的,如图3-1所示。

1. 岗位管理信息平台

岗位管理信息平台包括平台、部门、模块和业务流程。

(1)平台。包括了两种信息平台。一种是传统的书面形式的信息平台,"岗位工作说明书"应用资料、组织结构资料、员工档案都是以不同的文档形式编制和保存的,当管理者们使用时,需要通过非常专业的人才来"过滤"这些资料,并进行人工信息处理后,才能进入岗位管理和编制管理业务流程。另一种是e-HRMS信息平台,"岗位工作说明书"、组织结构资料、员工档案都是以电子形式保存在系统里的。当管理者们使用时,系统自动地"过滤"或连接这些数据,并帮助直接进入岗位管理和编制管理业务流程。

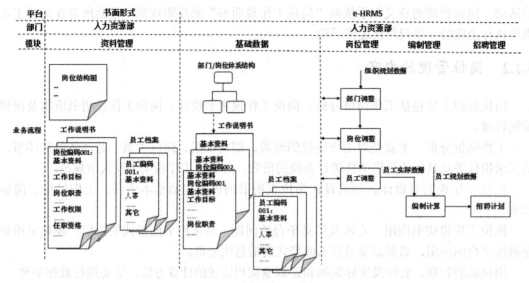

图3-1 岗位管理信息平台

（2）部门。表示岗位管理是由人力资源部主管的。

（3）模块。表示e-HRMS的模块，简单地描绘了基础数据、岗位管理、编制管理、招聘管理四个模块。

（4）业务流程。表示岗位管理中的四个工作任务，还有与其关联的招聘管理工作任务。

① 在书面形式信息平台中，岗位工作说明书、岗位结构图、员工资料都是分布存放的。当使用时，则需要专业人员进行信息整理后，才能进入业务流程。

② 在e-HRMS平台中，岗位工作说明书、岗位结构图、员工资料系统已关联，并集中被存放。当使用时，可以直接进入业务流程。

岗位管理信息系统平台的特点：无论是传统管理时期采用书面形式的资料管理，还是e-HRMS中采用信息集中处理，它们的基础数据和资料都是相同的。不同之处是 e-HRMS 将书面形式的资料信息化了；将人工整理信息的工作交给系统去做了，从而大大提高了工作效率。

图3-2 的岗位管理模式包括参与部门、e-HRMS 模块、业务流程。

（1）参与部门。与岗位管理相关的人力资源部门、各部门。

（2）e-HRMS。包括岗位管理常用的基础数据、岗位管理、编制管理、招聘管理模块及各部门常用的"招聘需求"申请五个功能模块。

（3）业务流程。表示在 e-HRMS 的支撑下，基础数据、岗位管理、编制管理、招聘管理与招聘需求的工作任务及工作顺序。

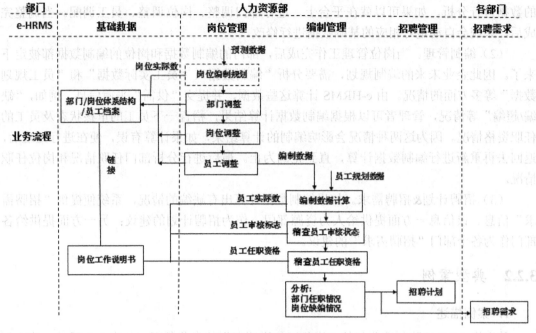

图 3-2 岗位管理模式

2．e-HRMS 岗位管理模式

(1) 基础数据。它包括部门/岗位/员工档案，"岗位工作说明书"在系统中的有机连接。一方面为岗位管理提供当前的实际的情况；另一方面随着岗位的变动情况，自动地修改系统中相关的信息。

(2) 岗位管理。它包括岗位规划数据分析、部门调整、岗位调整和员工调整四个工作任务。

(3) 编制管理。它包括编制数据计算、稽核员工状态、稽核员工任职资格和分析计算结果。

(4) 招聘计划&招聘需求。它是编制数据计算的结果，系统一方面将该信息提供给人力资源部门，作为编制"人才资源规划"的建议；另一方面也提供给各部门，作为"招聘需求"的建议。

3．岗位管理模式的工作原理

当第 2 章组织管理实务完成后，便可以查询到企业的组织机构图、岗位结构图和员工的资料，接下来是进行"岗位工作说明书"的信息化处理，完成图 3-2 中基础数据的输入。

（1）岗位管理。当进行组织规划或岗位规划，在平台外部进行"岗位编制规划"的时候，需要部门/岗位/员工的情况的资料。具体是将当前的"岗位实际数"与"预测岗位编制"

的数据进行分析，如果可以就在平台上，进行部门调整、岗位调整、员工调配。当调整完成后，系统会自动地对相应的基础数据进行修改。

（2）编制管理。当岗位管理工作完成后，部门的编制数据和岗位的编制数据都被定下来了。因此企业未来的编制规划，需要分析"编制数据"、"员工实际数据"和"员工规划数据"等多方面的情况。由 e-HRMS 计算这些数据，并提交"供需"平衡信息。例如，"缺编/超编"等情况，管理者可以根据编制数据计算结果，稽查一下员工的审核状态及员工的任职资格情况。因为这两种情况会影响编制的计算结果，如果计算有误，便在进行处理后，返回去再重新进行编制数据计算，直到正确为止。最后进行分析部门任职情况和岗位任职情况。

（3）招聘计划&招聘需求。如果编制数据计算出有缺编的情况，系统便提供"招聘需求"信息。该信息一方面提供给人力资源部门，作为招聘计划的建议；另一方面提供给各部门作为各个部门"招聘需求"的建议。

3.2.2　典型案例

1. 案例描述

首先将 ABC 电脑制造公司的"岗位工作说明书"信息化处理，如表 3-1 所示，并输入到 e-HRMS，然后再进行岗位管理和编制管理。

2. 工作任务

本章的"岗位管理"的工作任务，以 ABC 公司为背景，完成以下四个学习任务和技能。

任务 1："岗位工作说明书"信息化；

任务 2：岗位编制规划与调整；

任务 3：岗位编制规划与分析；

任务 4：完成编制数据处理后请输出账套。账套名称为：实验账套三。

3.2.3　解决方案

按照图 3-2 岗位管理模式，岗位管理信息系统应该支持以下五方面的工作。

（1）组织部门变动及调整的资料管理；

（2）部门岗位变动及调整的资料管理；

（3）员工岗位变动及调整的资料管理；

（4）"岗位工作说明书"的资料管理；

（5）岗位编制管理。

3.3 岗位管理实务准备

3.3.1 工作环境

(1) 修改 XP Windows 桌面上的系统日历为：2017.1.1；
(2) 导入[333]e-HRMS 实验二账套；
(3) 以用户 1000 李想的身份登录 ABC 公司的 e-HRMS 平台。

3.3.2 工作内容

1. "岗位工作说明书"信息化

(1) 整理 ABC 公司"岗位工作说明书"；
(2) 输入 ABC 公司"岗位工作说明书"。

2. 岗位管理

(1) ABC 公司岗位规划与分析；
(2) ABC 公司部门、岗位、员工资料调整。

3. 编制管理

(1) ABC 公司员工编制规划；
(2) ABC 公司员工编制数据分析。

4. 员工"供需"信息共享

(1) 查询 ABC 公司"招聘计划"；
(2) 查询 ABC 公司"招聘需求"。

3.3.3 工作资料

(1) 表 3-1 是 ABC 公司"岗位工作说明书"资料；
(2) 表 3-2 是 ABC 公司岗位编制规划资料；
(3) 表 3-3 是 2017 年 ABC 公司部门/岗位调整资料；
(4) 表 3-4 是 2017 年 ABC 公司岗位调整资料；
(5) 表 3-5 是 2017 年员工调整资料。

3.4 岗位管理实务

3.4.1 "岗位工作说明书"信息化

将 ABC 公司的书面形式的"岗位工作说明书"按照 ERP 软件模块中的"岗位子集"进行归类整理,参考表 3-1。

1. "岗位工作说明书"整理

表 3-1 是已经整理好的 ABC 公司的"岗位工作说明书",包括岗位编码、岗位名称、基本资料、岗位子集等六方面的内容。企业还可以根据自身的情况设计出更多的信息,从而拓展出更多管理需要的信息。

表 3-1 ABC 公司"岗位工作说明书"资料

岗位编码	岗位名称	基本资料	岗位子集		
			岗位职责	办公设备	岗位任职资格
001	总经理	直接上级: 工作概要:制定公司的经营规划 工作目的:完成公司的经营规划 工作环境:公司内/外 工作地点:总经理办公室 工作要求:组织、领导公司经营规划	负责程度: 全责 职责类型: 核心职责 工作类型: 经营管理	设备编号:001 设备:手提电脑 用途:BI 商务智能系统	学历要求:大学本科 任职资格名称:技能 任职资格描述:计划能力 经验要求:15 年 年龄要求:50 岁以下 技能要求:熟悉 BI 系统
002	技术总监	直接上级:总经理 工作概要:制定新产品规划 工作目的:完成公司产品规划 工作环境:公司内/外 工作地点:总裁办公室 工作要求:组织、领导新产品规划	负责程度: 部分 职责类型: 核心职责 工作类型: 经营管理	设备编号:002 设备:手提电脑 用途:BI 商务智能系统	学历要求:大学本科 任职资格名称:技能 任职资格描述:计划能力 工作经验要求:10 年 年龄要求:45 岁以下 技能要求:计算机工程师

续表

岗位编码	岗位名称	基本资料	岗位子集		
			岗位职责	办公设备	岗位任职资格
003	生产总监	直接上级：总经理 工作概要：制订产品生产规划 工作目的：完成产品生产规划 工作环境：公司内部 工作地点：总裁办公室 工作要求：组织、领导产品生产规划	负责程度：部分 职责类型：核心职责 工作类型：经营管理	设备编号：003 设备：手提电脑 用途：ERP系统	学历要求：大学本科 任职资格名称：技能 任职资格描述：计划能力 工作经验要求：10年 年龄要求：40岁以下 技能要求：熟悉ERP系统
004	人力资源部长	直接上级：总经理 工作概要：制订人力资源规划 工作目的：完成人力资源规划 工作环境：公司内部 工作地点：HR部长办公室 工作要求：组织、领导人力资源规划	负责程度：部分 职责类型：核心职责 工作类型：经营管理	设备编号：004 设备：手提电脑 用途：e-HRMS	学历要求：大学本科 任职资格名称：技能 任职资格描述：计划能力 工作经验要求：5年 年龄要求：40岁以下 技能要求：熟悉e-HRMS
005	人事专员	直接上级：人力资源部长 工作概要：执行人力资源管理计划 工作目的：完成人力资源管理计划 工作环境：公司内部 工作地点：HR办公室 工作要求：完成人事管理日常工作	负责程度：支持 职责类型：连带职责 工作类型：职能支持	设备编号：101 设备：台式电脑 用途：e-HRMS	学历要求：大学专科 任职资格名称：技能 任职资格描述：工作经验 工作经验要求：2年 年龄要求：35岁以下 技能要求：熟悉e-HRMS
006	薪资专员	直接上级：人力资源部长 工作概要：执行薪酬管理计划 工作目的：完成薪资管理计划 工作环境：公司内部 工作地点：HR办公室 工作要求：完成薪酬管理日常工作	负责程度：支持 职责类型：连带职责 工作类型：职能支持	设备编号：102 设备：台式电脑 用途：e-HRMS	学历要求：大学专科 任职资格名称：技能 任职资格描述：工作经验 工作经验要求：3年 年龄要求：35岁以下 技能要求：熟悉e-HRMS

续表

岗位编码	岗位名称	基本资料	岗位子集		
			岗位职责	办公设备	岗位任职资格
007	技术部长	直接上级：技术总监 工作概要：执行新产品开发计划 工作目的：完成新产品开发计划 工作环境：公司内部 工作地点：技术部长办公室 工作要求：组织、领导新产品开发	负责程度：部分 职责类型：连带职责 工作类型：职能支持	设备编号：005 设备：手提电脑 用途：CAD 计算机辅助设计	学历要求：大学本科 任职资格名称：技术 任职资格描述：设计经验 工作经验要求：5年 年龄要求：45岁以下 技能要求：产品工程师
008	产品工程师	直接上级：技术部长 工作概要：新产品开发设计 工作目的：新产品设计 工作环境：公司内部 工作地点：产品设计室 工作要求：完成新产品设计	负责程度：支持 职责类型：连带职责 工作类型：职能支持	设备编号：103 设备：台式电脑 用途：CAD 计算机辅助设计	学历要求：大学本科 任职资格名称：技术 任职资格描述：设计经验 工作经验要求：5年 年龄要求：35岁以下 技能要求：熟悉CAD软件
009	工艺工程师	直接上级：技术部长 工作概要：新品工艺设计 工作目的：完成新品加工路线设计 工作环境：公司内部 工作地点：工艺设计室 工作要求：持续提高新品工艺设计质量	负责程度：支持 职责类型：连带职责 工作类型：职能支持	设备编号：104 设备：台式电脑 用途：CAPP 计算机辅助工艺设计	学历要求：大学本科 任职资格名称：技术 任职资格描述：设计经验 工作经验要求：5年 年龄要求：35岁以下 技能要求：熟悉CAPP软件
010	采购部长	直接上级：生产总监 工作概要：制定采购计划 工作目的：减少物料的库存量 工作环境：公司内/外 工作地点：采购部长办公室 工作要求：执行MPS/MRP计划	负责程度：部分 职责类型：连带职责 工作类型：经营管理	设备编号：005 设备：手提电脑 用途：ERP系统	学历要求：大学本科 任职资格名称：技能 任职资格描述：工作经验 工作经验要求：5年 年龄要求：45岁以下 技能要求：熟悉ERP软件

续表

岗位编码	岗位名称	基本资料	岗位子集		
			岗位职责	办公设备	岗位任职资格
011	采购经理	直接上级：采购部长 工作概要：执行采购计划 工作目的：控制采购成本 工作环境：公司内/外 工作地点：采购部办公室 工作要求：跟踪物料采购过程	负责程度：部分 职责类型：连带职责 工作类型：生产运营	设备编号：105 设备：台式电脑 用途：ERP生产制造管理系统	学历要求：大学本科 任职资格名称：技能 任职资格描述：工作经验 工作经验要求：3年以上 年龄要求：35岁以下 技能要求：熟悉ERP软件
012	采购业务员	直接上级：采购经理 工作概要：采购物料 工作目的：保证生产物料供应 工作环境：公司内/外 工作地点：采购部办公室 工作要求：跟踪物流收货过程	负责程度：支持 职责类型：连带职责 工作类型：生产运营	设备编号：106 设备：台式电脑 用途：ERP生产制造管理系统	学历要求：大学本科 任职资格名称：技能 任职资格描述：工作经验 工作经验要求：2年以上 年龄要求：30岁以下 技能要求：熟悉ERP软件
…					
019	总装生产工	直接上级：总装车间主任 工作概要：产品生产 工作目的：生产合格的产品 工作环境：公司内部 工作地点：总装生产线 工作要求：8小时工作日	负责程度：支持 职责类型：连带职责 工作类型：生产运营	设备编号：201 设备：总装生产线	学历要求：高中 任职资格名称：技能 任职资格描述：熟练 工作经验要求：无 年龄要求：30岁以下 技能要求：熟练工
…					
022	部装生产工	直接上级：部长车间主任 工作概要：部件组装 工作目的：生产合格的产品 工作环境：公司内部 工作地点：部装生产线 工作要求：8小时工作日	负责程度：支持 职责类型：连带职责 工作类型：生产运营	设备编号：202 设备：部装生产线	学历要求：高中 任职资格名称：技能 任职资格描述：熟练 工作经验要求：无 年龄要求：30岁以下 技能要求：熟练工
…					

2. "岗位工作说明书"输入

将整理好的"岗位工作说明书"输入e-HRMS，形成可以信息化的基础数据。

操作步骤：

（1）单击"业务工作"标签，选择"人力资源"→"人事管理"→"组织机构"→"岗位管理"，打开"岗位列表"。

（2）选择"总裁办"，双击"岗位编码：001"，打开"岗位管理"。

（3）单击【修改】按钮，输入表 3-1"岗位工作说明书"的基本资料，如图 3-3 所示。

（4）选择"岗位子集"下拉文本框中的"岗位职责"，单击【增行】按钮，输入"岗位职责"资料；继续选择"岗位子集"，完成"办公设备""岗位任职资格"的资料输入。

（5）单击【保存】按钮。退出"岗位管理"，继续输入第 2 个岗位的资料。照此方法，完成表 3-1 资料的输入。

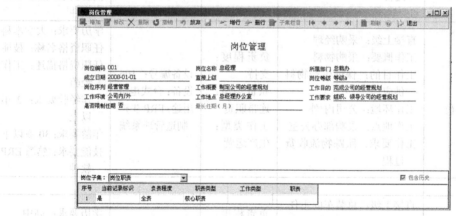

图 3-3　岗位工作说明书输入

3.4.2　岗位编制规划数据分析

岗位编制规划一般是一年一次，时间一般放在本年度的最后一个季度。主要活动有岗位编制规划、部门调整、岗位调整、员工调配等工作任务。

1. 岗位编制规划

例如，2016 年年底做 2017 年的岗位规划，一般"岗位编制规划"是在 e-HRMS 平台外进行的。

首先进行岗位编制的数据分析，一般有两组数据。一组是"岗位实际数据"，如 2016 年的是系统提供的（参考图 3-2）；另一组是预测来年 2017 年的岗位编制数据，如"预测数据"，是手工提供的，也是一个理论数据。

再对这两组数据进行比较，得出未来一年的"岗位编制规划"。例如，表 3-2 为 ABC 公司 2016 年与 2017 年的岗位编制规划。

（1）在 2016 年，部门与岗位编制规划数 60 人，实际数 60 人，这说明 2016 年岗位编制规划数与实际执行情况的数据是一致的。

（2）未来 2017 年，部门与岗位编制规划数 66 人，但是在 2016 年实际数 60 人，2017 年要增加部门 3 个，增加岗位 5 个，岗位调整 1 个。具体的岗位编制规划明细参考表 3-3。

表 3-2 ABC 公司岗位编制规划

年度	部门编制规划数/人	部门编制实际数/人	岗位编制规划数/人	岗位编制实际数/人	部门增数	岗位增加	岗位调整
2016-01-01	60	60	60	60	0	0	0
2017-01-01	66	60	66	60	3	5	1

2. 部门/岗位调整分析

表 3-3 为 2017 年 ABC 公司部门/岗位调整明细。

（1）分析部门与岗位调整情况。

① 销售部门规划增加了 3 个小组：直营组、专卖组和电商组（见表 3-3 中的*注释）。

② 新增岗位有 5 个：销售经理、店长、店员、电商经理和客服（见表 3-3 中的*注释）。

③ 岗位调整 1 个：将原来销售业务员的岗位调整到直营组下。

④ 新增店长的岗位放在专卖组下，新增客服的岗位放在电商组下。

表 3-3 2017 年 ABC 公司部门/岗位调整明细

年　　度	部门名称	部门编制数/人	岗位名称	岗位编制数/人	调整情况
2016-01-01	总裁办	3	总经理	1	
2016-01-01			技术总监	1	
2016-01-01			生产总监	1	
2016-01-01	人力资源部	4	人力资源经理	1	
2016-01-01			人事专员	1	
2016-01-01			薪酬专员	1	
2016-01-01	技术部	5	技术部长	1	
2016-01-01	产品设计组	2	产品工程师	2	
2016-01-01	工艺设计组	3	工艺工程师	3	
2016-01-01	采购部	6	采购部经理	1	
2016-01-01			采购业务员	5	
2016-01-01	物流部	4	物流部经理	1	
2016-01-01			仓库管理员	3	
2016-01-01	生产部	27	生产部经理	1	
2016-01-01			生产计划员	2	
2016-01-01	总装车间	15	总装车间主任	1	
2016-01-01			总装生产线长	1	

续表

年　　度	部门名称	部门编制数/人	岗位名称	岗位编制数/人	调整情况
2016-01-01			总装生产工	10	
2016-01-01	部装车间	15	部装车间主任	1	
2016-01-01			部装生产线长	1	
2016-01-01			部装生产工	10	
2016-01-01	销售部	10	销售部长	1	
2017-01-01	*直营组	4	**销售经理**	**1**	*增加岗位
2017-01-01			*销售业务员	*2	调整岗位
2017-01-01	*专卖组	3	*店长	*1	*增加岗位
2017-01-01			*店员	*2	*增加岗位
2017-01-01	电商组	3	*电商主管	*1	*增加岗位
2017-01-01			*客服	*2	*增加岗位
2016-01-01	财务部	4	财务部长	1	
2016-01-01	会计组		财务会计	1	
2016-01-01	成本组		成本会计	1	
2016-01-01	会计组		出纳	1	
	合计	66		66	

（2）新增部门。

操作步骤：

① 选择"基础设置"标签，选择"基础档案"→"机构人员"→"部门档案"，打开"部门档案"。

② 选择"销售部"，单击【增加】按钮，输入：0701，直营组；0702，专卖组；0703，电商组，如图3-4所示。

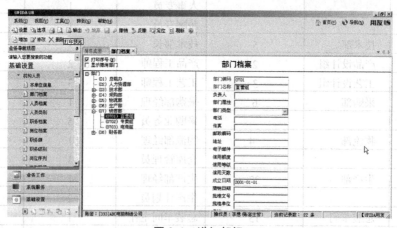

图3-4　增加部门

③ 单击【保存】和【退出】按钮。

3．增加岗位

2017 年 ABC 公司新增岗位如表 3-4 所示。

表 3-4　2017 年 ABC 公司岗位调整

调整情况	岗位编码	岗位名称	岗位序列	岗位等级	所属部门	直接上级	成立时间
	023	销售部长	经营管理	等级 c	销售部	001	2001-01-01
修改	024	销售业务员	生产运营	等级 d	直营组	029	2001-01-01
增加	029	销售经理	生产运营	等级 c	直营组	023	2017-01-01
增加	030	店长	生产运营	等级 c	专卖组	023	2017-01-01
增加	031	店员	生产运营	等级 f	专卖组	030	2017-01-01
增加	032	电商主管	生产运营	等级 e	电商组	023	2017-01-01
增加	033	客服	生产运营	等级 f	电商组	032	2017-01-01

（1）增加岗位。

操作步骤：

① 单击"业务工作"标签，选择"人力资源"→"人事管理"→"组织机构"→"岗位管理"，打开"岗位列表"如图 3-5a 所示。

② 选择部门"直营组"，单击【增加】按钮，弹出"岗位管理"，输入表 3-4，岗位编码 029，销售经理资料，如图 3-5b 所示。

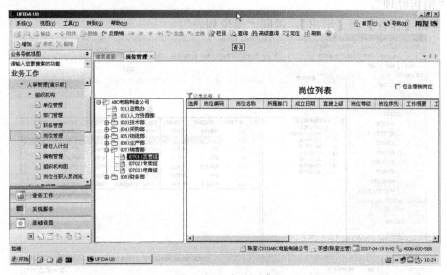

图 3-5a　岗位列表

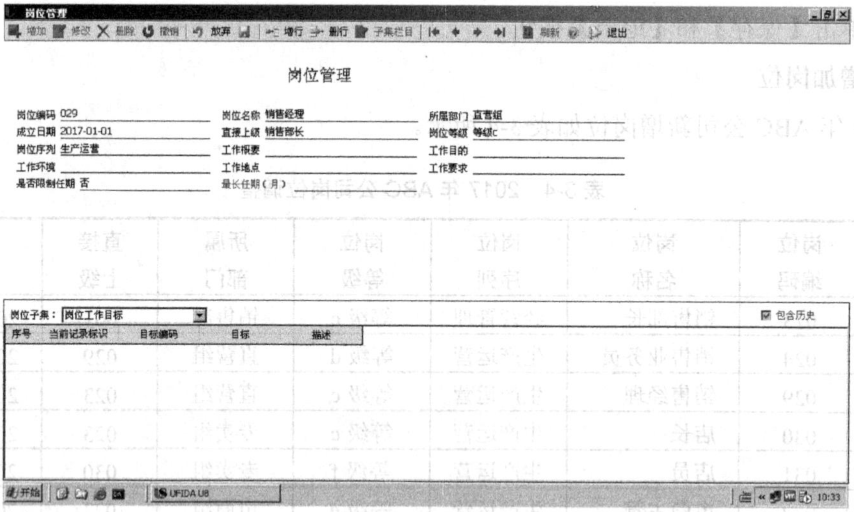

56　ERP人力资源管理实务

图 3-5b　新增岗位

③ 单击【保存】按钮，继续完成表 3-4 资料的输入。
④ 单击【退出】按钮，返回"岗位列表"。
（2）调整岗位。
操作步骤：
① 在"岗位列表"行中选择"销售业务员"，如图 3-6 所示。
② 单击【修改】，弹出"岗位管理，修改销售业务员"的所属部门为"直营组"，直接上级为"销售经理"。
③ 单击【保存】和【退出】，返回"岗位列表"。

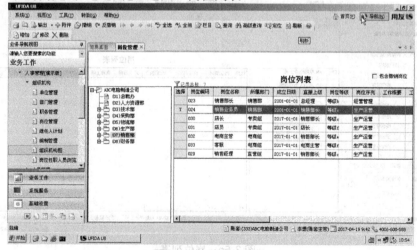

图 3-6　修改岗位资料

(3) 查询调整效果。

操作步骤：

① 单击"业务工作"标签，选择"人力资源"→"人事管理"→"组织机构"→"组织机构图"，打开组织"机构图"。

② 展开"机构图"→"岗位体系"→"总经理"→"销售部长"，调整后的销售部门的职位体系图如图 3-7 所示。

4. 员工调配

员工调配是一项行政管理工作。包括员工晋升、降职、平调、轮岗、下岗等多项工作，一般是要走流程的，也就是由员工所在的部门"申请"员工调配，行政部门同意执行本次申请的员工调配。参考表 2-6 "ABC 公司员工档案资料"，原销售部门下的销售业务员，需要调配到直营组下面，参考表 3-5。

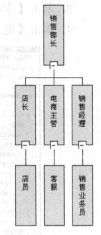

图 3-7 调整后结果

表 3-5 2017 年员工调整

人员编码	姓名	性别	部门	雇佣状态	人员类别	岗位	调整情况
0025	周洋	男	销售部	在职	正式工	销售部长	
0026	李华	男	直营组	在职	正式工	销售业务员	*调整
0027	张明	男		在职	正式工	销售业务员	*调整

(1) 人事业务定制。

操作步骤：

① 选择"业务工作"标签，选择"人力资源"→"HR 基础设置"→"系统设置"→"人事业务定制"，打开"人事业务定制"对话框。

② 选择"人事变动业务"→"员工调配"→"平调"，如图 3-8 所示。

③ 单击【退出】按钮。

(2) 修改员工审核标志。

操作步骤：

① 选择"业务工作"标签，选择"人力资源"→"人事管理"→"人员管理"→"人员档案"，打开"员工列表"。

② 选择"销售部门"的员工：李华、张明。

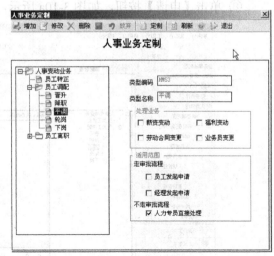

图 3-8 调整规则

③ 单击【审核】按钮,审核标志为"通过",如图3-9所示。
④ 单击【退出】按钮。注意不要将人员全部审核掉。

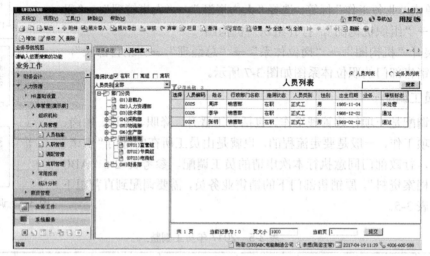

图 3-9　员工修改结果

(3) 平调申请与执行。

操作步骤:

① 选择"业务工作"标签,选择"人力资源"→"人事管理"→"人员管理"→"调配管理",打开"调配管理"。

② 选择"人事业务变动"→"员工调配"→"平调"。

③ 单击【申请】按钮,如图3-10a所示,弹出"申请单"。

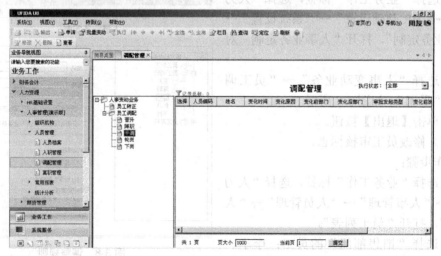

图 3-10a　调配申请

④ 输入平调人员编码，平调后的部门，平调原因：编制规划，平调后岗位：销售业务员，如图 3-10b 所示。

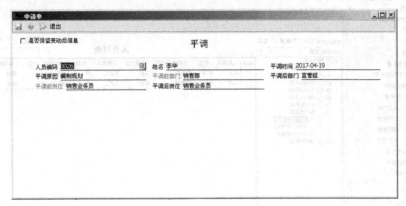

图 3-10b　调配申请单

⑤ 单击【保存】与【退出】按钮，返回"调配管理"，如图 3-10c 所示。

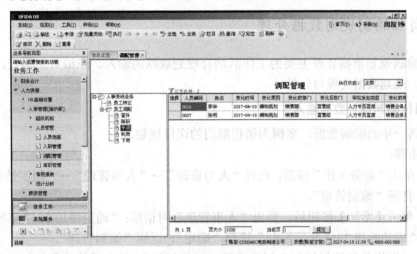

图 3-10c　调配执行

⑥ 选择"李华、张明"，单击【执行】按钮，弹出"业务执行后不能撤销，是否执行"对话框，选择"是"，弹出"人事变动执行完成，是否现在进行手工维护"对话框，选择"否"。

（4）查询执行后的情况。

操作步骤：

① 选择"业务工作"标签，选择"人力资源"→"人事管理"→"人员管理"→"人员档案"，打开"人员档案"。

② 选择"销售部门"→"直营组"，如图 3-11 调配结果。

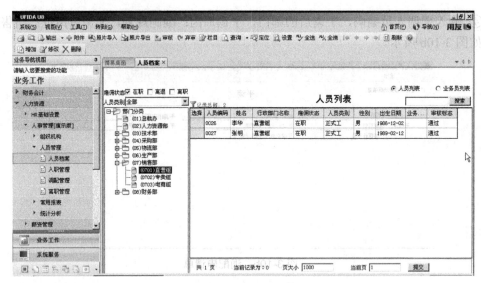

图 3-11 调配结果

3.4.3 岗位编制规划数据处理

岗位编制规划数据处理主要的工作活动有规划数据的输入、在编员工稽查、员工任职资格稽查、规划数据处理与分析。

1. 岗位编制规划数据输入

输入新一年的编制数据。案例为销售部门的岗位规划。

操作步骤：

（1）单击"业务工作"标签，选择"人力资源"→"人事管理"→"组织结构"→"编制管理"，打开"编制管理"。

（2）单击【增加】按钮后，弹出"人事管理"对话框："确定增加 2017 年度编制"选择"是"；"成功新建 2017 年度编制"选择"确定"。返回"编制管理"。

（3）以销售部门编制规划为例。选择"销售部门"，单击【修改】按钮，输入表 3-3 "2017 年 ABC 公司部门编制数"，如图 3-12a 所示；岗位编制数，如图 3-12b 所示。

（4）单击【保存】按钮，提示"年度总编制数小于一级部门编制之和，是否还要保存"，单击"是"。

2. 稽查员工审核状态

当 2017 年的编制规划数据输入完成之后，先查询一下当前员工的审核状态，没有审核的员工，不参加实际员工数据的计算。表 3-6 为"ABC 公司员工审核情况"。

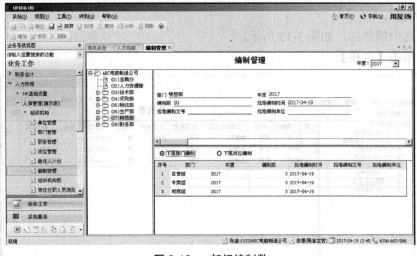

图 3-12a 部门编制数

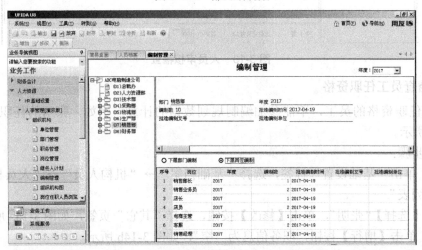

图 3-12b 岗位编制数

表 3-6 ABC 公司员工审核情况

人员编码	姓 名	行政部门	性 别	人员类别	出生日期	审核标志
0025	周洋	销售部	男	合同制员工	1986-12-02	通过
0026	李华		男	合同制员工	1986-12-02	通过
0027	张明		男	合同制员工	1989-02-12	通过

操作步骤:

(1) 单击"基础设置"标签,选择"基础档案"→"机构人员"→"人员档案",打开"人员列表"。

（2）选中销售部，如图 3-13 所示。

（3）单击【审核】。

图 3-13 人员审核稽查

3．稽查员工任职资格

没有任职资格的员工，不能参加编制规划数据的计算。例如，张明的任职资格，如图 3-14a 所示。

操作步骤：

（1）单击"基础设置"标签，选择"基础档案"→"机构人员"→"人员档案"，打开"人员列表"。

（2）【选择】"张明"，单击【修改】按钮，选择"其它"页签，如图 3-14a 所示。

（3）单击【增行】按钮，职务信息为"空"，如图 3-14b 所示。

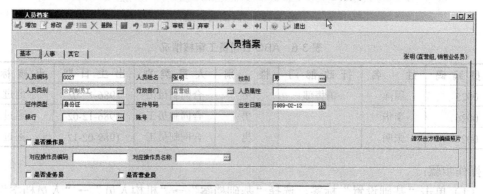

图 3-14a 基本资料

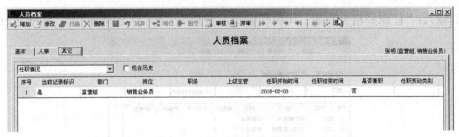

图 3-14b　任职资格资料

4．分析部门/岗位编制数据

例如，分析部门和岗位的"缺编和超编"的情况。

（1）部门任职资格分析。

操作步骤：

① 单击"业务工作"标签，选择"人力资源"→"人事管理"→"组织机构"→"编制管理"，打开"编制管理"。

② 选择"下属部门编制"，单击【分析】按钮，弹出"部门任职情况分析"。

③ 输入"任职分析表：部门任职情况分析"，"部门：销售部门"，如图 3-15 所示，表示部门目前系统里销售部已经有 3 位实有人数：1 位销售经理，2 位直营组销售业务员。可以通过查询员工资料确认。

④ 单击【退出】按钮，返回"编制管理"。

图 3-15　部门任职情况分析

（2）岗位任职资格分析。

① 选择"下属岗位编制"，单击【分析】按钮，弹出"部门任职情况分析"，部门选择销售部门。

② 输入:"任职资格分析表:岗位任职情况分析","部门:销售部门",如图 3-16 所示。

图 3-16 岗位任职情况

③ 单击【统计表】按钮,岗位任职情况柱状图,如图 3-17 所示。

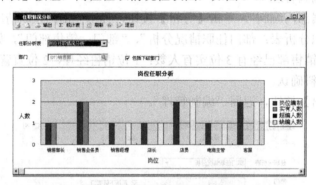

图 3-17 岗位任职情况柱状图

④ 企业常见报告,如表 3-7 所示。

表 3-7 2017 年度销售部岗位编制情况分析

部门	岗位	编制人数	实际人数	缺编人数	人力资源部 招聘计划	销售部 招聘需求
销售部	销售部长	1	1	0	0	0
直营组	销售经理	1	0	1	1	1
	销售业务员	2	2	0	0	0
专卖店	店长	1	0	1	1	1
	店员	2	0	2	2	2
电商组	电商主管	1	0	1	1	1
	客服	2	0	2	2	2

到此，岗位管理实务完成。请参考第 1 章 1.4.2 节，输出账套：实验账套三。

 练习题

1. 按照企业报表习惯编制：技术部的岗位任职情况分析，如表 3-8 所示。

表 3-8　技术部岗位任职情况分析

| 年　度 | 岗　位 | 编制人数 | 实际人数 | 缺编人数 | 人力资源部 | 技　术　部 |
					招聘计划	招聘需求
2017						

2. 按照企业报表习惯编制：总装车间的岗位任职情况分析，如表 3-9 所示。

表 3-9　总装车间岗位任职情况分析

| 年　度 | 岗　位 | 编制人数 | 实际人数 | 缺编人数 | 人力资源部 | 总装车间 |
					招聘计划	招聘需求
2017						

 思考题

1. 岗位管理包括哪些内容？
2. 简述传统信息环境与 e-HRMS 信息环境的不同之处。
3. 岗位管理用到了哪些基础数据？
4. 岗位管理模式包括哪些内容？
5. 岗位编制规划数据分析主要的工作活动有哪些？
6. 岗位编制规划数据处理主要的工作活动有哪些？
7. 在岗位编制规划数据处理的时候要做哪些稽查处理，为什么？
8. 为什么说岗位编制规划数据处理的结果，是招聘计划的参考数据？

第4章 招聘管理

学习目标

- 了解招聘管理的概念和内容
- 理解招聘管理信息模式
- 掌握招聘管理的实务

学习技能

- 学会整理招聘计划资料的基本技能
- 学会招聘管理信息系统平台作业的基本技能
- 掌握招聘过程管理的基本技能
- 掌握一个完整的招聘过程管理的基本技能

4.1 背景知识

4.1.1 招聘管理概述

招聘是指企业为了发展的需要,根据人力资源规划和"岗位工作说明书"的要求,寻找、吸引那些有能力有兴趣到企业任职的人员,并从中选出适宜的人员予以录用的过程。

招聘一般由主体、载体及对象构成,主体就是用人者,载体是信息的传媒,对象则是符合标准的候选者。

主体、载体及对象构成招聘工作三要素，缺一不可。

4.1.2 招聘管理内容

员工招聘是一个规律性的过程，主要是由招募、选择、录用、评估等一系列活动构成。招聘是组织为了吸引更多更好的候选人来应聘而进行的若干活动，主要包括招聘计划的制定与审批，招聘信息的发布，应聘者申请等。

选拔是组织从"人与事"两个方面出发，挑选出最合适的人来担任某一职位，它包括资格审查、初选、面试、考试、体检、人员甄选等内容。

录用涉及员工的安置、试用、正式录用等方面。

评估是指对招聘活动的效益与录用人员质量的评估。

4.2 招聘管理系统

4.2.1 招聘管理模式

员工招聘有两个重要的前提：一是人力资源规划，是从人力资源规划中得到人力资源净需求，预测决定了预计要招聘的职位、部门、数量、时限、类型等因素；二是岗位工作说明书中的描述为录用提供了重要的参考依据。同时也为应聘者提供了关于该岗位的详细信息。

1. 招聘管理模式

图 4-1 所示的招聘管理模式，包括部门、e-HRMS 的模块和业务流程 3 个方面。图中业务流程的虚线，表示与系统外部相连接的工作任务，也就是 e-HRMS 平台与企业外部的信息系统平台的连接方式。

（1）部门。典型案例涉及人力资源部门、用人的各部门，还有企业外部信息载体。

（2）e-HRMS。包括关联流程、基础数据、招聘计划、招聘管理、入职管理、培训管理模块，及各部门的招聘需求申请模块。

（3）业务流程。表示在 e-HRMS 支撑下，基础数据、招聘计划、招聘需求、招聘管理、入职管理、连接培训管理的各项工作任务及工作顺序。其中：

① 关联流程。表示招聘管理与岗位管理业务流程的衔接任务，它是"员工编制数据分析"，还有来自各部门的"招聘需求申请"的信息连接关系。

② 基础数据。有部门体系结构、岗位工作说明书、渠道设置、人才库管理的信息。

③ 招聘计划。招聘计划流程有招聘需求、招聘渠道、招聘费用和招聘安排 4 个工作任务。

④ 招聘管理。分两大块：一是"招聘发布&筛选"，它主要是通过企业外部的招聘渠道

进行；二是招聘活动的管理，包括通知类的（面试通知、录用通知、入职通知）及执行类的（面试未通过、录用、备用）。在通知类与执行类彼此相融的作业过程中，形成了非常严谨的基于活动管理的逻辑思维，这就是系统平台的优势，也是提高管理素质的原因所在。

⑤ 入职管理。是对员工正式入职的信息处理，是员工招聘的最后一项管理活动，其信息记录在 e-HRMS 中。

⑥ 培训管理。通常是人力资源部的工作内容之一，是人力资源开发中的重要内容之一。本教材案例的培训管理工作的开始节点从招聘管理的入职员工信息开始。当然，培训管理还可以来自多种需求，例如，某技能培训、某素质培训、某技术培训等。

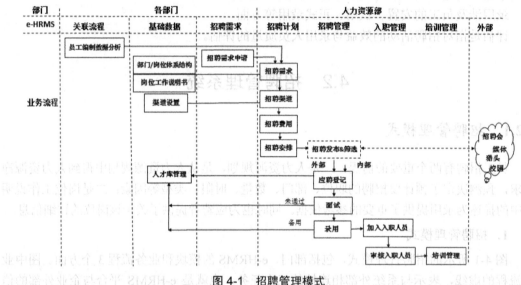

图 4-1 招聘管理模式

2. 招聘管理模式的工作原理

当完成了企业岗位管理调整之后，便进入招聘计划。

（1）招聘计划。招聘管理的日常业务是从招聘计划开始的，参考图 4-1，招聘的数据来源于员工编制数据分析和各部门的招聘需求申请两个方面。实务操作通常是，先做招聘需求，再根据招聘员工的情况选择招聘渠道，之后做招聘费用，最后做好招聘安排。具体情况如下所示。

① 招聘需求。在做"招聘需求"之前，需要准备 3 个方面的资料。一是人力资源规划的数据；二是各部门提交的招聘需求申请；三是部门、岗位、工作说明书资料。这样才能掌握：企业计划招多少人，各部门要多少人，哪些岗位需要，需要什么样的人等信息，做到心中有数。

② 招聘渠道。当确定了招聘需求后，需要寻找发布招聘需求的渠道，一般企业里有长

期合作的媒体机构，我们先将这些单位设置到系统中，并根据需要招聘人员的情况选择合适的渠道，例如，特殊岗位员工去猎头公司招聘，一般员工到学校招聘，等等。

③ 招聘费用。显然不同的渠道，招聘的费用也是不同的。足够又不浪费的费用预算，是保证完成招聘计划的前提。

④ 招聘安排。包括招聘活动步骤、参与人员、招聘时间的安排。例如，发布和网选、面试、甄选、公布结果 4 步骤的安排，确保什么活动，什么时候，由谁负责。招聘安排讲究活动的步骤、人员及时间的逻辑关系。

（2）招聘发布和甄选。招聘计划审核之后，如果是企业外部招聘，则在 e-HRMS 外发布信息，即依靠媒体作为信息载体。但是无论是外部招聘还是内部招聘其管理流程是相同的，从而充分地体现"公开、公平、公正"的原则，尊敬和敏感地对待每一位员工，诚实公平地对人对事，是赢得企业和个人最好发展的前提。

（3）招聘管理。招聘信息发布后，便进入招聘管理的实质阶段，即招聘活动的管理。例如，当招聘广告在公开媒体上发表之后，收到很多应聘者的"工作申请表"，对这些资料要进行筛选，对于符合的应聘者进行记录，该记录传统的方式是以书面形式进行的。而 e-HRMS 提供了"应聘者登记"模块，对应于每一位应聘者的面试、录用、入职的过程。避免"走后门"，如果"走后门"则会扰乱招聘管理流程。具体事务处理如下：

① 应聘者填写"应聘登记表"，系统保存在人才库管理里面。

② 通过"应聘登记表"通知应聘者面试；如果面试没有通过，则执行"面试未通过"，该应聘者的登记表状态为"面试未通过"。

③ 如果面试通过，则通知"录用"执行"录用"；如果"录用"也没有通过，则可以执行"备用"，该应聘者的登记表状态为"备用"。

④ 当"录用"后，企业可能会有试用的情况。员工通过试用期，便会接到"入职通知书"。

（4）入职管理。当员工入职后，需要登记新入职员工的档案资料。则 e-HRMS "入职管理"模块需将"应聘者登记表"的资料，转移到员工档案中去，即"加入了入职人员"。

（5）培训管理。若员工入职之后，需要进行员工培训的话，此信息则进入招聘培训模块。

4.2.2 典型案例

1. 案例描述

按照第 2 章"岗位管理"的员工编制规划数据，根据出现的缺编信息开展招聘计划工作。

2. 工作任务

基于招聘管理系统的信息处理过程，完成以下 4 个学习任务和技能。

任务 1：招聘计划处理；

任务 2：招聘过程管理；

任务 3：入职管理；

任务 4：完成入职管理后，请输出账套。账套名称为：实验账套四。

4.2.3 解决方案

按照图 4-1 招聘管理模式，招聘管理信息系统应该支持以下 5 个方面的工作。

（1）招聘管理系统设置；

（2）招聘计划管理；

（3）招聘信息发布；

（4）员工招聘的过程管理；

（5）员工入职管理。

4.3 招聘管理实务准备

4.3.1 工作环境

（1）修改 XP Windows 桌面上的系统日历为 2017.2.1；

（2）导入[333]e-HRMS 实验二账套；

（3）以用户 1000，李想的身份登录 ABC 公司的 e-HRMS 平台。

4.3.2 工作内容

（1）招聘计划

① 招聘需求处理；

② 招聘渠道选择；

③ 招聘费用预算；

④ 招聘安排策划。

（2）招聘管理

① 应聘者登记；

② 面试处理；

③ 录用处理；

④ 入职通知。

（3）入职管理

① 入职员工表登记；

② 审核入职员工。

4.3.3 工作资料

（1）表 4-1 招聘渠道资料；

（2）表 4-2 岗位工作说明书补充；

（3）表 4-3 招聘计划资料；

（4）表 4-4 不同求职者特征；

（5）表 4-5 招聘工作安排；

（6）表 4-6 工作申请表资料。

4.4 招聘管理实务

基于 e-HRMS 平台的招聘管理的实务操作主要包括设置、招聘计划、招聘管理、入职管理几方面的工作，其中设置是一次性的，其他的是日常性的工作，如图 4-2 所示。

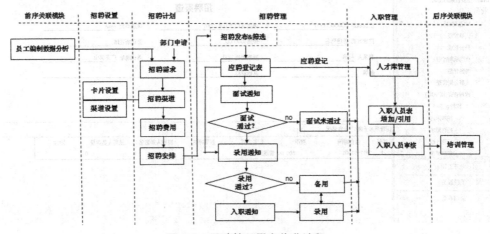

图 4-2 招聘管理平台作业流程

4.4.1 设置

1. 招聘渠道设置

操作步骤：

（1）单击"业务工作"标签，选择"人力资源"→"招聘管理"→"招聘业务"→"招聘渠道",打开"招聘渠道"。

(2)选择招聘渠道类别"网站"项,单击【增加】按钮后,弹出"招聘渠道"输入表单,输入表 4-1 招聘渠道资料,如图 4-3 所示。

(3)选择招聘渠道子集"合作方式",单击【增行】按钮,输入合作时间 2017-01-01;费用:600;广告方式:普通列表。

(4)单击【保存】按钮,继续完成表 4-1 资料的输入。

表 4-1 招聘渠道资料

渠道类别	渠道编码	渠道名称	渠道类别	广告方式	费用	联系人	联系方式	地址
网站	000000001	51job.com	网站	普通列名	600	马丽	131	广东佛山
招聘会	000000002	校园	招聘会	其他	200	马丽	131	广东佛山
	000000003	人才市场	招聘会	其他	200	马丽	131	广东佛山
猎头	000000004	中人网猎	网站	其他	2000	马丽	131	广东佛山

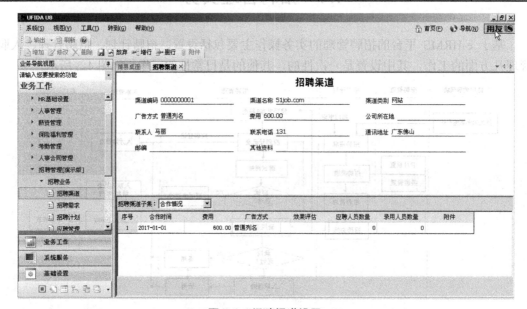

图 4-3 招聘渠道设置

2. "岗位工作说明书"资料补充

操作步骤参照第 3 章岗位管理实务。

表 4-2　岗位工作说明书补充

岗位编码	岗位名称	基本资料	岗位子集		
			岗位职责	办公设备	岗位任职资格
023	销售部长	直接上级：总经理 工作概要：制订销售计划 工作目的：完成销售计划 工作环境：公司内/外 工作地点：销售部长办公室 工作要求：执行MPS计划	负责程度：部分 职责类型：核心职责 工作类型：经营管理 职责：销售计划	设备编号：006 设备：手提电脑 用途：ERP系统	学历要求：大学本科 任职资格名称：技能 任职资格描述：产品工程师 专业要求：熟悉产品 工作经验要求：5年 年龄要求：45岁以下
092	销售经理	直接上级：销售部长 工作概要：执行销售计划 工作目的：组织产品销售 工作环境：公司内/外 工作地点：销售部办公室 工作要求：管理销售订单	负责程度：部分 职责类型：连带职责 工作类型：生产管理 职责：销售管理	设备编号：107 设备：台式电脑 用途：ERP生产制造管理系统	学历要求：大学本科 任职资格名称：技能 任职资格描述：产品工程师 专业要求：熟悉产品 工作经验要求：3年以上 年龄要求：35岁以下
024	销售业务员	直接上级：销售经理 工作概要：产品销售 工作目的：客户满意 工作环境：公司内/外 工作地点：销售部办公室 工作要求：跟踪发货单	负责程度：支持 职责类型：连带职责 工作类型：生产管理 职责：产品销售	设备编号：108 设备：台式电脑 用途：ERP生产制造管理系统	学历要求：大学本科 任职资格名称：技能 任职资格描述：产品工程师 专业要求：熟悉产品 工作经验要求：2年以上 年龄要求：30岁以下

续表

岗位编码	岗位名称	基本资料	岗位子集		
			岗位职责	办公设备	岗位任职资格
030	店长	直接上级：销售部长 工作概要：组织产品销售 工作目的：管理专卖店 工作环境：公司外 工作地点：专卖店 工作要求：全职负责专卖店	负责程度：支持 职责类型：连带职责 工作类型：生产运营 职责：专卖店管理	设备编号：109 设备：台式电脑 用途：ERP供应链管理系统	学历要求：大学专科 任职资格名称：技能 任职资格描述：营销师 专业要求：熟悉零售业 工作经验要求：2年以上 年龄要求：30岁以下
031	店员	直接上级：店长 工作概要：产品销售 工作目的：完成产品销售任务 工作环境：公司外 工作地点：专卖店 工作要求：日3班工作制	负责程度：支持 职责类型：连带职责 工作类型：生产运营 职责：柜台卖商品	设备编号：301 设备：计算器 用途：价格预算	学历要求：高中 任职资格名称：技能 任职资格描述：营销助师 专业要求：熟悉商品 工作经验要求：1年 年龄要求：25岁以下
032	电商主管	直接上级：销售部长 工作概要：组织电商贸易 工作目的：制订电商计划 工作环境：公司内/外 工作地点：移动办公 工作要求：电商运营管理	负责程度：支持 职责类型：连带职责 工作类型：生产运营 职责：电商管理	设备编号：007 设备：手提电脑 用途：电商平台	学历要求：大专 任职资格名称：技能 任职资格描述：电商师 专业要求：熟悉产品 工作经验要求：2年以上 年龄要求：23岁以上
033	客服	直接上级：电商主管 工作概要：产品电商销售 工作目的：执行电商计划 工作环境：公司内/外 工作地点：移动办公 工作要求：完成电商交易任务	负责程度：支持 职责类型：连带职责 工作类型：生产运营 职责：电商交易	设备编号：008 设备：手提电脑 用途：电商平台	学历要求：大专 任职资格名称：技能 任职资格描述：电商助师 专业要求：熟悉产品 工作经验要求：2年以上 年龄要求：21岁以上

4.4.2 招聘计划

1. 招聘需求

编制招聘计划是招聘工作的重要任务之一。销售部门/岗位调整情况：直营组编制 3 人，2 名销售业务员已经到位了，但是缺 1 名销售经理；新成立的专卖组，1 名店长，2 名店员都没有到位；新成立的电商组，1 名电商主管，2 名客服也没有到位。

因此，拟定招聘人数：销售经理 1 名，店长 1 名，店员 2 名，电商主管 1 名，客服 2 名。

表 4-3 招聘计划资料

计划编码：（自动编码）000000001
计划名称：销售部门扩编招聘
计划人：马丽（提示：马丽的员工档案中的"审核标志"为"通过"）
计划部门：人力资源部
招聘计划子集：招聘需求

需求部门	需求岗位	岗位编制人数	岗位现有人数	部门编制人数	部门现有人数	拟招聘人数	要求到岗时间
直营组	销售经理	1	0	3	2	1	2017-3-1
专卖组	店长	1	0	3	0	1	2017-3-1
专卖组	店员	2	0	3	0	2	2017-3-1
电商组	电商主管	1	0	3	0	1	2017-3-1
电商组	客服	2	0	3	0	2	2017-3-1

操作步骤：

（1）单击"业务工作"标签，选择"人力资源"→"招聘管理"→"招聘业务"→"招聘计划"，打开"招聘计划"表单。

（2）单击【增加】按钮，输入招聘计划资料。

（3）选择"招聘计划单子集：招聘需求"，单击【增行】按钮。

（4）表 4-3 资料："需求部门、需求岗位、拟招聘人数、要求到岗日期、需求原因"。如图 4-4 所示，其中的岗位编制人数、岗位现有人数、部门编制人数、部门现有人数，是系统自动计算出来的。员工编制规划的净需求，只需要输入拟招聘人数的数据。

（5）单击【保存】按钮。系统生成一份"招聘计划单"。

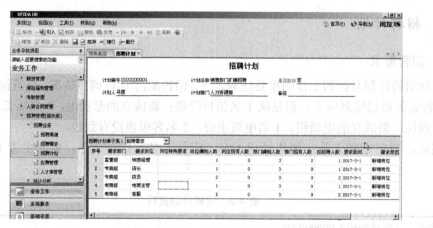

图 4-4 招聘需求

2. 招聘渠道

选择招聘渠道是高效地完成招聘计划的任务之一。而专业地选择招聘渠道，需要解决几个问题，求职者分布在哪？这些人通常寻找工作的方式？招聘人求职的态度是积极的还是消极的？如何将招聘信息传递给你所要找的人？如何选择招聘方法？招聘的预算是多少？

通过分析图 4-4 招聘需求，以及结合表 4-4 的资料，本次招聘是"普通白领"类别的，优选网络招聘渠道。

表 4-4 不同求职者特征

类 别	典 型 人 群	求 职 态 度	求 职 渠 道
金领	企业高管	爱理不理	隐蔽渠道
高级白领	中级管理者 资深专业人员	消极	保密渠道（猎头）
普通白领	普通专业人员	积极	网络招聘会
蓝领	操作人员	积极	招聘会、媒体
无领	大学生	疯狂	校园、招聘会、媒体

操作步骤：

（1）单击"业务工作"标签，选择"人力资源"→"招聘管理"→"招聘业务"→"招聘计划"，打开"招聘计划"。

（2）选择计划编码：000000001，单击【修改】按钮，修改"招聘计划单"。

（3）选择"招聘计划单子集：招聘渠道"，单击【增行】按钮。

（4）根据表 4-4 的知识选择网站招聘渠道，输入"招聘渠道：51job.com，招聘开始时间：2017-2-1，结束时间：2017-2-28，"如图 4-5 所示。

（5）单击【保存】按钮。

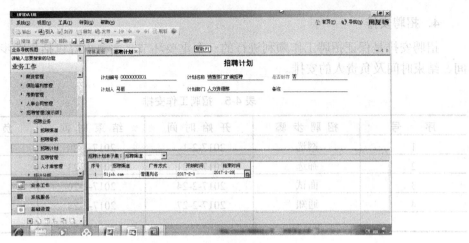

图 4-5 选择招聘渠道

3. 招聘费用

足够的招聘费用，是保证招聘计划能够完成的基本条件。

假设 51job.com 网站的年费用为 600 元，企业每年在该网发布 3 次，每次的费用 200 元。操作步骤：

（1）单击"业务工作"标签，选择"人力资源"→"招聘管理"→"招聘业务"→"招聘计划"，打开"招聘计划"。

（2）选择计划编码：000000001，单击【修改】按钮，修改"招聘计划单"。

（3）选择"招聘计划单子集：招聘费用"，单击【增行】按钮。

（4）输入"招聘项目：51 网站，预算费用：200"，如图 4-6 所示。

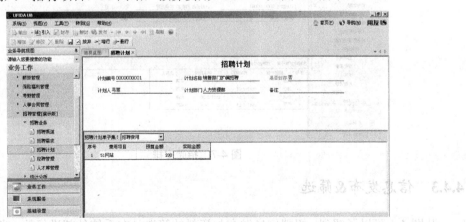

图 4-6 招聘费用预算

（5）单击【保存】按钮。

4. 招聘安排

招聘安排是保证招聘工作顺利进行的一个重要环节。主要内容包括招聘步骤、开始时间、结束时间及负责人的安排。

表 4-5 招聘工作安排

序 号	招聘步骤	开始时间	结束时间	负责人
1	网选	2017-2-1	2017-1-20	马丽
2	筛选	2017-2-21	2017-2-23	马丽
3	面试	2017-2-24	2017-2-26	周洋
4	通知	2017-2-27	2017-2-28	马丽

操作步骤：

（1）单击"业务工作"标签，选择"人力资源"→"招聘管理"→"招聘业务"→"招聘计划"，打开"招聘计划"。

（2）选择"计划编码：000000001"，单击【修改】按钮，修改"招聘计划单"。

（3）选择"招聘计划单子集：招聘进程安排"，单击【增行】按钮。

（4）输入表 4-5 资料，"招聘步骤、开始时间、结束时间、负责人"，如图 4-7 所示。

（5）单击【保存】按钮。到此，一份招聘计划单编制完成。

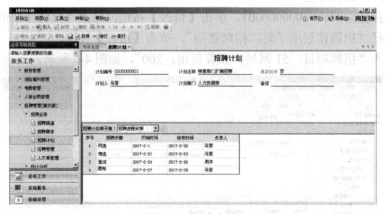

图 4-7 招聘安排

4.4.3 信息发布&筛选

从图 4-1 可以了解到，招聘信息发布与资料的筛选是在系统外部进行的。当拟定招聘者在企业内部时，可以将招聘计划的内容，从 e-HRMS 平台发到企业内部的网络平台上，例如，在 OA（办公自动化）平台上，如果拟定招聘对象在企业外部时，则可以从 e-HRMS 平台发送到选择的招聘渠道网站。

招聘广告的撰写包括公司名称，公司简介，招聘职位、要求、人数、联系人、联系方式及企业地址。在常规情况下，除了"招聘职位、要求、人数"外，其他的资料都会有模版的。因此只要从 e-HRMS 平台上，转发出招聘计划单的相关资料就可以。

操作步骤：

（1）单击"业务工作"标签，选择"人力资源"→"招聘管理"→"招聘业务"→"招聘计划"，打开"招聘计划"；

（2）选择"计划编码：000000001"，单击【发布】的下拉列表"发布到门户，发布到招聘网站，配置招聘网站"，为了操作方便，选择"发布到门户"，即企业内部的网络平台，如图 4-8a 所示；

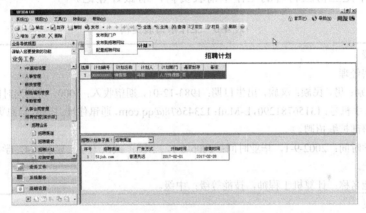

图 4-8a　选择信息发布途径

（3）弹出"选择卡片模版"招聘计划招聘需求（904）对话框，单击"确定"；

（4）在企业设置好了的内部网络上"发布招聘信息"，如图 4-8b 所示。

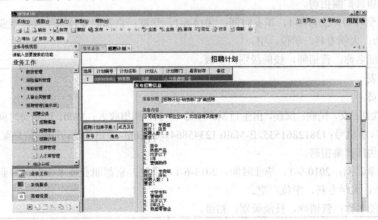

图 4-8b　发布招聘信息

4.4.4 招聘管理

基于 e-HRMS 的招聘管理平台是面向招聘活动的管理。在招聘的过程中,有一系列的工作任务及活动需要协调和管理。例如,应聘者应聘的登记过程、面试过程、录用过程、入职过程,都需要有序的衔接与合理的管理。

1. 应聘资料

(1) 录入应聘登记单。

当招聘计划在网上发布以后,一般会收到很多应聘者的资料,经过筛选后,便进入面试阶段。面试阶段的第一件事,是要在 e-HRMS 平台上及时做好应聘登记,以便需求部门及时跟进。以下是三份应聘者的工作申请表资料,请做好登记。

表 4-6 工作申请表资料

李健工作申请表
应聘岗位:销售经理
姓名:李健,性别:男,民族:汉族,出生日期:1983-12-01,期望收入:5000,可到岗时间:2017-03-01,工作时间:5 年,手机号:13156781290,E-Mail:12345678@qq.com,通讯地址:广州,信息渠道:51job.com,招聘计划:销售部扩编招聘。
教育背景:入学时间:2002-9-1,毕业时间:2006-6-1,学院:武汉大学,学制:4,学历:大学本科,学位:工学学士。
技能信息:技能名称:计算机工程师,技能等级:中级。
郭俊工作申请表
应聘岗位:店长
姓名:郭俊,性别:男,民族:汉族,出生日期:1993-6-11,期望收入:4000,可到岗时间:2017-03-01,工作时间:2 年,手机号:13532181231,E-Mail:12345863@qq.com,通讯地址:广州,信息渠道:51job.com,招聘计划:销售部扩编招聘。
教育背景:入学时间:2011-9-1,毕业时间:2014-6-1,学院:京都职业技术学院,专业:企业管理,学制:3,学历:大学专科,学位:空。
技能信息:技能名称:营销师,技能级别:中级。
李佳工作申请表
应聘岗位:店员
姓名:李佳,性别:女,民族:汉族,出生日期:1992-10-11,期望收入:3500,可到岗时间:2017-03-01,工作时间:3 年,手机号:13812861535,E-Mail:12345864@qq.com,通讯地址:广州,信息渠道:51job.com,招聘计划:销售部扩编招聘。
教育背景:入学时间:2010-9-1,毕业时间:2013-6-1,学院:京都职业技术学院,专业:工商管理,学制:3,学历:大学专科,学位:空。
技能信息:技能名称:营销师,技能级别:初级。

操作步骤：

① 单击"业务工作"标签，选择"人力资源"→"招聘管理"→"招聘业务"→"应聘管理"，打开"应聘管理"。

② 选择 ABC 制造公司→销售部→直营组→销售经理，单击【增加】按钮。

③ 输入表 4-6 资料，姓名：李健，性别：男，出生日期：1983-12-01，可到岗时间：2017-03-01；相关工作时间：5 年；手机：13156781290，E-Mail 地址：12345678@qq.com；信息渠道：51job.com，招聘计划：销售部扩编招聘。

④ 选择"应聘登记单子集：教育背景"，单击【增行】按钮。

⑤ 输入：入学时间：2002-9-1；毕业时间：2006-6-1；学校：武汉大学，专业：计算技术，学制：4，学历：大学本科，学位：工学学士，如图 4-9 所示。

⑥ 选择"应聘登记单子集：技能信息"，单击【增行】按钮。

⑦ 输入：技能名称：计算机工程师，技能等级：中级。

⑧ 单击【保存】按钮，完成应聘登记单录入。

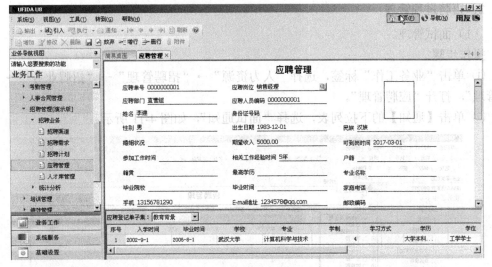

图 4-9　应聘登记表

（2）应聘登记单查询。

操作步骤：

① 单击"业务工作"标签，选择"人力资源"→"招聘管理"→"招聘业务"→"应聘管理"，打开"应聘管理"。

② 选择应聘人员编码，查询登记单，如图 4-10 所示。

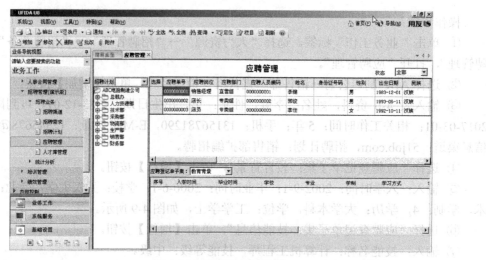

图 4-10 应聘登记单记录

2. 招聘过程管理

（1）面试管理。

操作步骤：

① 单击"业务工作"标签，选择"人力资源"→"招聘管理"→"招聘业务"→"应聘管理"，打开"应聘管理"。

② 单击【通知】的下拉列表，选择"面试通知"，如图 4-11 所示。

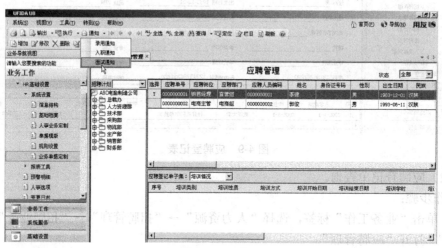

图 4-11 通知面试

③ 弹出"选择卡片模版"，选择"面试通知"后，确定。弹出"参数赋值"，输入：面试日期与面试地点，确定后，自动通过邮箱地址发给应聘者。

（2）录用管理。应聘者收到面试通知后，按时到指定的地点面试，面试成功后，通过"应聘管理"执行录用并发出录用通知；如果面试没有通过则执行面试未通过。

操作步骤：

① 单击"业务工作"标签，选择"人力资源"→"招聘管理"→"招聘业务"→"应聘管理"，打开"应聘管理"。

② 单击【执行】的下拉列表，选择"录用"，如图4-12所示，并通知录用。

③ 单击【录用通知】的下拉列表，选择"录用通知"。

图4-12　执行录用通知

④ 弹出"请确定是否执行录用"，单击"是"；"执行时发出通知"，单击"确定"，此时应聘者的状态为：录用。如图4-13所示。

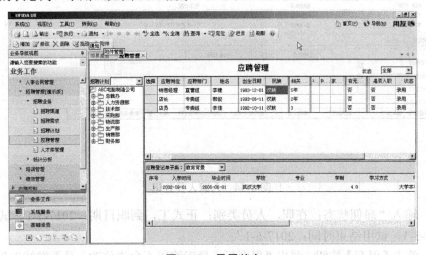

图4-13　录用状态

⑤ 如果应聘者没有被录用，则执行备用，应聘者处于备用状态。备用状态是可以重新被"录用"的。

当应聘者被录用，成为新员工后，通常企业有一个试用过程，试用的时间一般是固定的。试用结束后，人力资源部门会发出"入职通知"，当新员工认同后，便进入"入职管理"。

4.4.5 入职管理

1. 入职管理

"入职管理"是将应聘人员从"应聘管理"表格中，加入到"入职人员列表"中，表示该应聘者进入"入职管理"阶段，即试用阶段；如果试用通过，审核该入职人员，则该员工档案的审核标志为通过，表示成为正式员工了。

操作步骤：

（1）单击"业务工作"标签，选择"人力资源"→"人事管理"→"人员管理"→"入职管理"，打开"入职人员列表"。

（2）单击【增加】按钮，弹出"入职管理"。

（3）单击【引入】按钮，弹出"参照"框，选择引入所有的人员，单击"确定"；引入所有的录用人员。首先修改李健的资料，如图 4-14 所示。

图 4-14 入职人员登记

（4）输入"雇佣状态：在职，人员类别：正式工，到职日期：2017-3-1，试用开始时间：2017-3-1，试用结束时间：2017-6-1"。

（5）单击【保存】按钮，弹出"保存后，员工编码不允许修改，是否继续？"单击"确定",继续修改下一个员工的资料。

(6) 单击【退出】按钮,返回"入职人员列表",如图 4-15 所示。

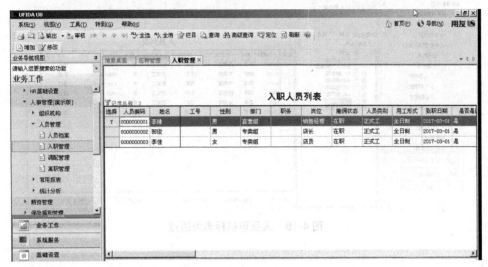

图 4-15　入职人员列表

2. 审核入职人员

当入职人员试用期结束,并试用通过后,审核入职人员。

操作步骤:

(1) 单击"业务工作"标签,选择"人力资源"→"人事管理"→"人员管理"→"入职管理",打开"入职人员列表"。

(2) 单击【审核】按钮,弹出"人事管理对话框:确定审核这些记录吗",单击"是",该记录从入职人员列表中消失,继续进行下一个审核,直至完成。

3. 查询员工档案

操作步骤:

(1) 单击"业务工作"标签,选择"人力资源"→"人事管理"→"人员管理",打开"人员档案";

(2) 选择"雇佣状态为在职,部门为销售部门",如图 4-16 所示。

(3) 查到,李健已经进入销售部门的直营组,审核标志为通过。

到此,一个完整的招聘过程的实务操作完成。总结一下,招聘管理经历 4 个阶段:制订招聘计划、招聘信息发布、招聘活动管理、入职员工管理。

最后,请参考第 1 章 4.2 节,输出账套:实验账套四。

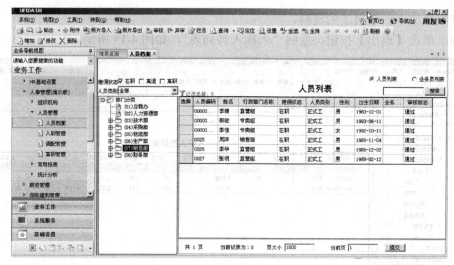

图 4-16 人员审核标志为通过

练习题

1. 输入新的应聘登记表，见表 4-7 所示。

表 4-7 工作申请表练习

应聘岗位：电商主管
姓名：徐妍，**性别**：女，**民族**：汉族，**出生日期**：1998-3-11，**期望收入**：4000，**可到岗时间**：2017-03-01，**工作时间**：3 年，**手机号**：13732181231，**E-Mail**：12345868@qq.com，**通讯住址**：广州，**信息渠道**：51job.com，**招聘计划**：销售部扩编招聘。
教育背景：入学时间：2011-9-1，毕业时间：2014-6-1，学院：京都职业学校，专业：企业管理，学制：3，学历：技校毕业，学位：空。
技能信息：技能名称：电子商务师，技能级别：中级。
应聘岗位：客服
姓名：曾甜，**性别**：女，**民族**：汉族，**出生日期**：1998-9-11，**期望收入**：3000，**可到岗时间**：2017-03-01，**工作时间**：1 年，**手机号**：15932166236，**E-Mail**：12345866@qq.com，**通讯住址**：广州，**信息渠道**：51job.com，**招聘计划**：销售部扩编招聘。
教育背景：入学时间：2013-9-1，毕业时间：2015-6-1，学院：京都职业学校，专业：企业管理，学制：3，学历：技校毕业，学位：空。
技能信息：技能名称：电商助理师，技能级别：初级。

2. 按招聘管理平台操作流程，参考图 4-13，截取"招聘管理"中，徐妍的"应聘登记"状态图和"录用"状态图。
3. 按招聘管理平台操作流程，参考图 3-15，截取新入职的"人员档案"图。
4. 请尝试录用通知卡片的设置。
5. 请在 Windows XP 系统安装 qq.com，尝试收到面试通知。

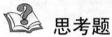

思考题

1. 招聘管理包括哪些内容？
2. 简述招聘管理模式。
3. 简述招聘管理模式的工作原理。
4. 简述招聘计划的处理过程。
5. 简述招聘管理的处理过程。
6. 简述入职管理的处理过程。
7. 本章在招聘管理模式中，可能会存在哪些问题，如何改进？

第 5 章

培训管理

学习目标

- 了解培训管理的概念和内容
- 理解培训管理信息模式
- 掌握培训管理的实务

学习技能

- 学会整理培训计划资料的基本技能
- 学会培训管理信息系统平台作业的基本技能
- 掌握培训过程管理的基本技能
- 掌握一个完整的培训过程管理的基本技能

5.1 背 景 知 识

5.1.1 培训管理概述

培训管理是人力资源管理的一个重要职能。它的目的是为长期战略和近期绩效的提升做贡献,确保企业员工在企业战略需要和工作需要的环境下,有机会、有条件进行个人绩效提升和经验积累。

目前企业面临着全球化以及高效率、高质量的工作效率挑战,因此培训显得极为重要。

培训可以使员工的知识得到增长，技能得到提高，态度得到改善，也进而可以使企业的效益得以提高。

对企业而言，培训管理不仅可以增强员工的归属感和主人翁的责任感，还可以增加企业的向心力和凝聚力，塑造优秀的企业文化，增强企业竞争优势，培养企业后备力量；而且对于员工个人而言，培训管理有利于增强就业力，提高技能和收入，增强职业的稳定性。所以培训管理是企业与个人双赢的一项非常重要的工作。

5.1.2 培训管理内容

培训管理包括培训资源管理、培训需求、制订培训计划、培训实施、培训评估、培训员工入档管理。系统支持一个完整的培训过程。包括从某个培训需求计划开始，到该培训需求计划的完成，并将接受培训的员工进行登记，最后将本次培训需求计划设置为完成的状态。

培训资源设置包括教师、课程设计、教材和培训设施；
培训需求是将培训需求分析后的结果信息，输入到系统里作为即将实施的培训需求；
培训计划是根据培训需求制订的可行的课程计划；
培训实施是培训课程的开课信息，包括上课的时间、地点、教师、场地等信息；
课程评估是对本次课程的内容、组织、效果及资源等多方面的评估；
培训员工入档是将每次培训记录保存起来。培训记录了每一位企业员工在什么时候，参加了哪些培训等信息。

5.2 培训管理系统

5.2.1 培训管理模式

1. 培训管理模式

图 5-1 是培训管理模式，包括部门、e-HRMS 的模块和业务流程 3 个方面。

（1）部门。典型案例涉及人力资源部门和培训需求的各部门。

（2）e-HRMS。包括关联流程、基础数据、培训资源、培训需求、培训计划、培训活动、培训评估及员工培训档案管理多个功能模块。

（3）业务流程。表示在 e-HRMS 支撑下，基础数据、培训资源、培训需求、培训计划、培训活动、培训评估的各项工作任务及工作顺序。其中：

① 关联流程。表示培训管理与招聘管理业务流程的衔接任务，它的"入职员工记录"是本案例企业培训的对象。

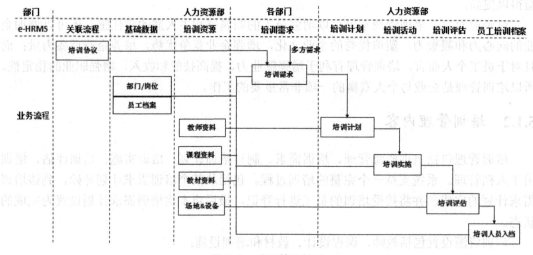

图 5-1 培训管理模式

② 基础数据。有部门/岗位的基本资料，员工是培训管理工作中必不可少的基本资料。系统自动链接各个功能模块，并支持培训管理中各项工作任务的顺利进行。

③ 培训资源设置。是培训各项工作任务中用到的关键资源。例如，教师、课程、教材、设施等。同样系统自动链接各个功能模块，并支持培训管理中的各项工作任务的顺利进行。

④ 培训需求。其输入端有许多数据源。例如，工作质量提升培训、职务升迁、调整培训等，本案例是新员工入职培训。

⑤ 培训计划。培训计划是依据培训需求，再根据培训资源的情况制订计划的。

⑥ 培训活动。人力资源管理专业称为培训实施，是对培训计划的实施，通俗地说是上培训课。

⑦ 培训评估。上完了培训课程后，通常会对课程进行一个评估。评估一般会分为两个方面，一方面是对本次课程的评估，另一方面是对本次课程资源的评估。

⑧ 员工培训档案。对培训完成的员工实施管理，也是一项需要信息支持的工作。e-HRMS，通过"员工培训档案"功能模块将每一次完成培训的员工进行记录，为提升员工素质和技能提供共享信息。

2. 培训管理模式的工作原理

（1）培训需求。培训管理的日常业务是从培训需求开始的，参考图 5-1。"培训需求"的工作任务可能是来自员工的培训协议，或者来自各部门的多方需求。从人力资源管理理论上而言是来自"培训需求分析"。通常从培训需求分析的多方需求而言，是书面形式的。在输入 e-HRMS 之前，需要进行数字化处理，使之数据化、信息化，同时基础数据是培训需求的基础管理信息。本教材的案例为新员工入职培训需求。

（2）培训计划。完成了培训需求工作任务之后，则开始培训计划。培训计划需要考虑的是如何去组织培训资源、培训设施、培训场地的选择。基础数据及培训资源是培训计划的基础信息。

（3）培训活动。它是对培训计划的实施阶段。例如，组织员工培训或实训课程。系统动态地记录与存储培训活动的详细信息，并提供给部门和员工共享。培训资源是培训活动的基础信息。

（4）培训评估。当培训课程完成之后，培训评估是对培训课程和培训资源的总结。同样培训资源也是培训活动的基础信息。

（5）员工培训档案。当员工培训完成之后，特别是签订培训条款的员工，需要将其培训信息反馈给培训协议。所以系统要求将员工的培训信息加入到他的员工档案中，通过员工档案集中管理员工的信息。

所有培训员工的档案入档后，系统要求"关闭"培训计划，培训需求"需求已满足"。表示该次培训计划已经完成，培训需求已满足。

5.2.2 典型案例

1. 案例描述

本章的培训管理案例，衔接第 3 章"招聘管理"的招聘人员的资料，对新员工进行企业文化的入职培训，如表 5-1 所示。

表 5-1 ABC 公司培训员工名单

员工编码	员工名称	人员类别	审核通过	行政部门	培训记录
00000001	李健	正式工	通过	直营组	无
00000002	郭俊	正式工	通过	电商组	无
00000003	李佳	正式工	通过	专卖组	无

2. 工作任务

根据表 5-1 培训员工的名单，完成以下 6 个学习任务和技能。

任务 1：编制培训需求单；

任务 2：制订培训计划；

任务 3：培训实施；

任务 4：培训评估；

任务 5：培训员工资料入档；

任务 6：完成培训评估后请输出账套。账套名称为：实验账套五。

5.2.3 解决方案

按照图 5-1 培训管理模式，培训管理信息系统应该支持以下 5 个方面的工作。
(1) 培训管理系统设置；
(2) 培训计划管理；
(3) 培训实施过程管理；
(4) 培训评估；
(5) 培训记录管理。

5.3 培训管理实务准备

5.3.1 工作环境

(1) [333]HRMS 账套，要求完成招聘管理资料输入的账套；
(2) 登录 ABC 公司的 e-HRMS 平台。

5.3.2 工作内容

(1) 培训需求；
(2) 制订培训计划；
(3) 培训实施；
(4) 培训评估；
(5) 培训入档；
(6) 培训报表。

5.3.3 工作资料

(1) 表 5-2 培训教师资料；
(2) 表 5-3 培训课程资料；
(3) 表 5-4 培训教材资料；
(4) 表 5-5 培训设施资料；
(5) 表 5-6 部门培训需求；
(6) 表 5-7 培训计划（a）；
(7) 表 5-8 培训活动；

(8) 表 5-9 课程评估；

(9) 表 5-10 培训资源评估。

5.4 培训管理实务

e-HRMS 平台的培训管理实务的操作主要包括培训资源设置、培训计划、培训活动和培训评估等方面的工作。其中设置是一次性的，培训需求、培训计划、培训实施、培训评估都是日常业务工作，如图 5-2 所示。

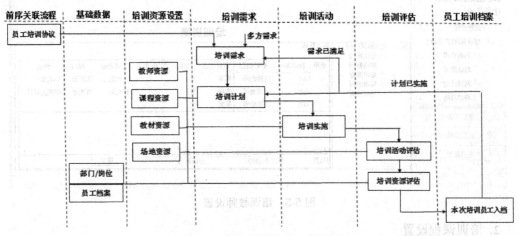

图 5-2 培训管理平台作业流程

5.4.1 培训设置

1. 培训教师设置

操作步骤

(1) 单击"业务工作"标签，选择"人力资源"→"培训管理"→"培训资源"，打开"培训资源"。

(2) 选择"培训资源类别：培训资源"。

(3) 单击【增加】按钮，输入表 5-2 "培训教师资料"，如图 5-3 所示。

(4) 单击【保存】按钮。

表 5-2 培训教师资料

教师编码	教师名称	性　　别	教师类别	是否有效	联系电话
001	周洋	男	内部教师	是	

续表

教师编码	教师名称	性别	教师类别	是否有效	联系电话
002	李华	男	内部教师	是	
003	吴雨	女	外部教师	是	13319372310

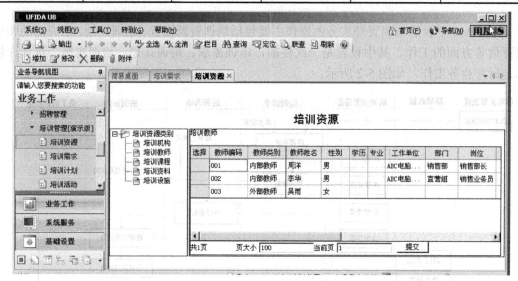

图 5-3　培训教师设置

2. 培训课程设置

表 5-3　培训课程资料

课程编码	课程名称	课程内容	是否有效	课时
001	新员工入职培训	企业文化课程	是	4
002	新商品销售培训	销售技能课程	是	8
003	电子商务培训	平台运作技能课程	是	12

操作步骤：

（1）单击"业务工作"标签，选择"人力资源"→"培训管理"→"培训资源"，打开"培训资源"。

（2）选择"培训资源类别：培训课程"。

（3）单击【增加】按钮，输入表 5-3"培训课程资料"，如图 5-4 所示。

（4）单击【保存】按钮。

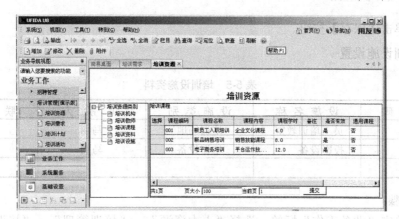

图 5-4　培训课程设置

3. 培训教材设置

表 5-4　培训教材资料

资料编码	资料名称	资料类别
001	企业文化讲义	培训文稿
002	新商品培训讲义	培训文稿
003	电子商务培训	培训教材

操作步骤：

（1）单击"业务工作"标签，选择"人力资源"→"培训管理"→"培训资源"，打开"培训资源"。

（2）选择"培训资源类别：培训资料"。

（3）单击【增加】按钮，输入表"5-4 培训教材资料"，如图 5-5 所示。

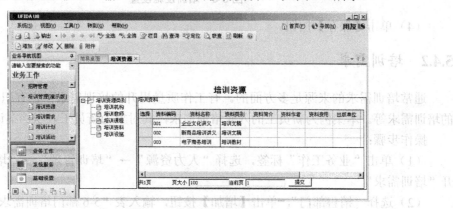

图 5-5　培训教材设置

（4）单击【保存】按钮。

4．培训设施设置

表 5-5 培训设施资料

资料编码	设施名称	设施类别	联 系 人	联系电话
001	员工培训教室	培训场地	马丽	8233
002	投影设备	培训设备	马丽	8233

操作步骤：

（1）单击"业务工作"标签，选择"人力资源"→"培训管理"→"培训资源"，打开"培训资源"。

（2）选择"培训资源类别：培训设施"。

（3）单击【增加】按钮，输入表5-5"培训设施资料"，如图5-6所示。

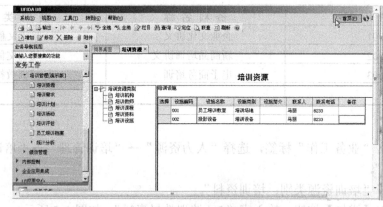

图 5-6 培训设施设置

（4）单击【保存】按钮。

5.4.2 培训需求

通常培训需求的来源是多方面的。有工作质量提升的培训需求；也有职位变化、升迁的培训需求等。本案例为新员工的入职培训需求，其对象为新员工入职档案记录。

操作步骤：

（1）单击"业务工作"标签，选择"人力资源"→"培训管理"→"培训需求"，打开"培训需求"。

（2）选择"销售部门"，单击【增加】按钮，输入表"5-6 部门培训需求"。

表 5-6　部门培训需求

需求部门	需求人	需求课程	需求人数	希望开始日期	希望结束日期	填报日期
销售部	周洋	新员工入职培训	3	2017-4-7	2017-4-7	2017-4-3

(3) 单击【保存】按钮，如图 5-7 所示。

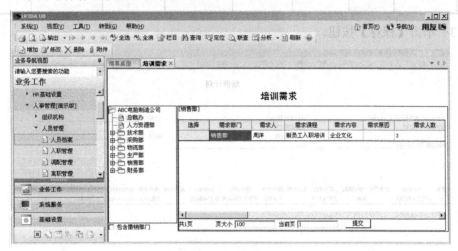

图 5-7　培训需求

5.4.3　培训计划

培训计划包括两个部分，一个是计划部分，另一个是课程部分。在这里计划部分，可以理解为表头（用（a）表示），记录该次培训计划的基本信息，课程部分可以理解为表体（用（b）表示），记录开设了多少门课程的信息。

操作步骤：

(1) 单击"业务工作"标签，选择"人力资源"→"培训管理"→"培训计划"，打开"培训计划"。

(2) 选择"销售部门"，单击【增加】按钮，输入表 5-7"培训计划（a）"资料，然后单击【增行】按钮，输入表 5-7"培训计划（b）"资料，如图 5-8 所示。

表 5-7　培训计划（a）

计划表名称	计划级别	计划部门	计划类型	计划年度	编制人
销售部新员工入职培训	部门级	销售部	年度计划	2017	周洋

表 5-7 培训计划（b）

序号	培训名称	培训类别	培训方式	培训内容	培训地点	计划开始时间	计划结束时间	培训人数
1	新员工入职培训	其他	在职全脱产	企业文化	员工培训教室	2017-4-7	2017-4-7	3

（3）单击【保存】按钮。

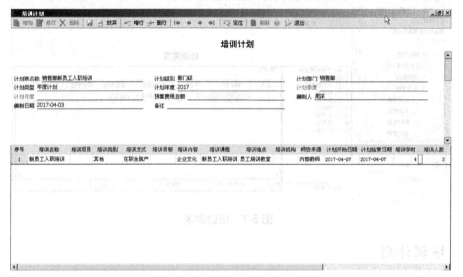

图 5-8 培训计划

5.4.4 培训实施

培训计划完成后，紧接着是培训实施，在本系统平台上称为培训活动。准确地解释，就是本案例培训计划的开课信息。

表 5-8 培训活动

培训名称	授课教师	课程内容	课程学时	授课开始日期	授课开始时间	授课结束日期	授课结束时间
新员工入职培训	周洋	企业文化课程	4	2017-4-7	8:00	2017-4-7	16:00

操作步骤：

（1）单击"业务工作"标签，选择"人力资源"→"培训管理"→"培训活动"，打开"培训活动"。

（2）单击【导入】按钮，弹出"导入计划"对话框，选项：计划表名称和培训名称，双击"选择"出现 Y，如图 5-9 所示。

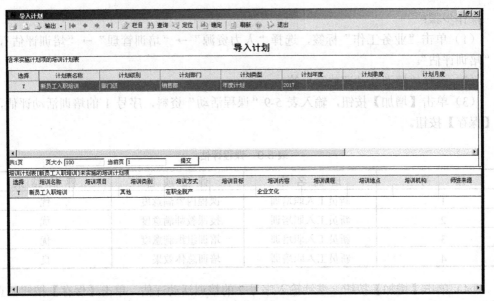

图 5-9　导入计划

（3）单击【确定】按钮，弹出"培训活动"表单。
（4）单击【增行】按钮，输入表"5-8 培训活动"资料，如图 5-10 所示。
（5）单击【保存】按钮。

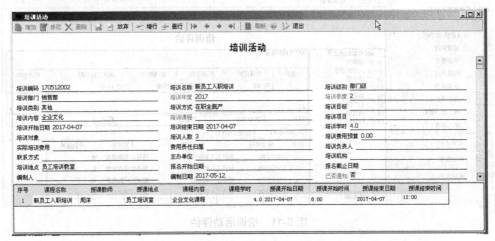

图 5-10　培训活动

5.4.5 培训评估

1. 培训活动评估

操作步骤：

（1）单击"业务工作"标签，选择"人力资源"→"培训管理"→"培训评估"，打开"培训评估"。

（2）选择"培训活动评估"页签。

（3）单击【增加】按钮，输入表 5-9"课程活动"资料，序号 1 的培训活动评估，单击【保存】按钮。

表 5-9 课程评估

序 号	培 训 名 称	评 估 项 目	评 估 结 果
1	新员工入职培训	课程内容满意度	优
2	新员工入职培训	授课教师满意度	优
3	新员工入职培训	培训组织满意度	优
4	新员工入职培训	培训总体效果	良

（4）单击【增加】按钮，继续输入序号 2 的培训活动评估，单击【保存】按钮；直至表 5-10 资料输入完成，如图 5-11 所示。

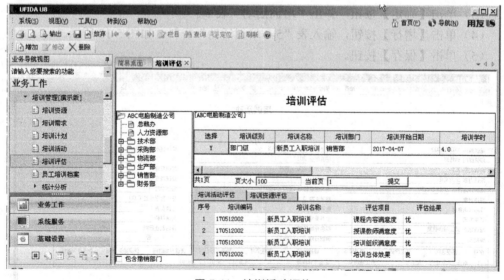

图 5-11 培训活动评估

2. 培训资源评估

表 5-10　培训资源评估

序　号	培训名称	培训资源类别	培训资源名称	评估结果
1	新员工入职培训	培训教师	周洋	优
2	新员工入职培训	新培训课程	新员工入职培训	优

操作步骤：

（1）单击"业务工作"标签，选择"人力资源"→"培训管理"→"培训评估"，打开"培训评估"。

（2）选择"培训资源评估"页签。

（3）单击【修改】按钮，输入表 5-10"培训资源评估"资料，如图 5-12 所示。

（4）单击【保存】按钮。

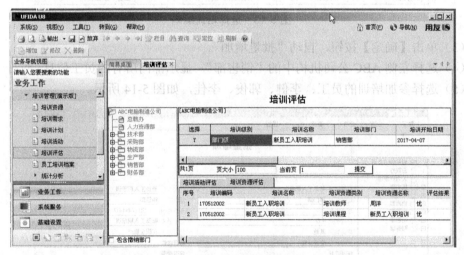

图 5-12　培训资源评估

5.4.6　培训记录入档

当员工培训完成后，需将参加培训人员的记录，输入到对应的员工档案中，以便跟踪培训的效果及制订员工后续的培训计划。

操作步骤：

（1）单击"业务工作"标签，选择"人力资源"→"培训管理"→"员工培训档案"，打开"员工培训档案"。

（2）选择：销售部，单击【批增】按钮，弹出"批量增加"，输入培训活动：参照培训编码"新员工入职培训"，如图 5-13 所示。

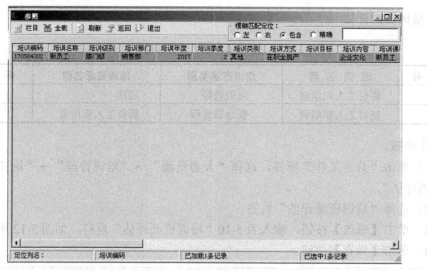

图 5-13　选择培训编码

（3）单击【确定】按钮，自动"批量增加"。
（4）选择左侧 ABC 公司机构中的"销售部"，显示部门所有的员工信息。
（5）选择参加培训的员工：李健、郭俊、李佳，如图 5-14 所示。

图 5-14　选择培训的员工

（6）单击【确定】，加入员工培训档案，如图 5-15 所示。

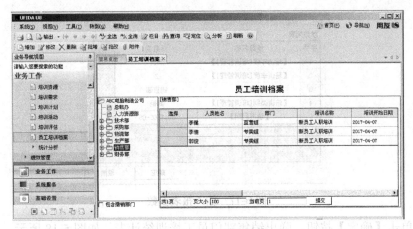

图 5-15　员工培训档案

5.4.6　培训报表

由于培训管理的工作内容很多，因此它们的工作报表也很多。本案例只学习两份常用的报表。

1. 部门培训员工统计表

该报表是统计指定的培训年度及指定的部门员工培训的情况。

操作步骤：

（1）单击"业务工作"标签，选择"人力资源"→"培训管理"→"统计分析"→"动态报表"，打开"动态报表"。

（2）单击"（141）培训管理"→"培训员工统计表"，如图 5-16 所示。弹出"参数赋值"对话框，输入相应的参数值，如图 5-17 所示。

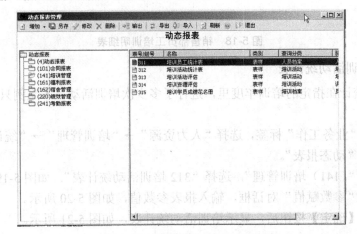

图 5-16　选择培训员工统计表

图 5-17 输入报表参数

(3) 单击【确定】按钮,弹出销售部门员工培训统计表,如图 5-18 所示。

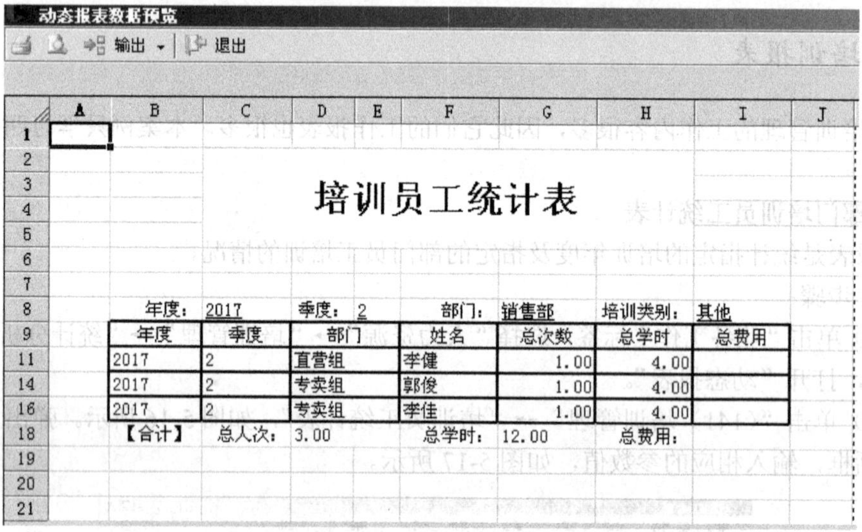

图 5-18 销售部员工培训明细表

2. 部门培训活动统计表

该报表是统计在指定的培训年度里,进行了多少次培训活动,本案例只做了一次。

操作步骤:

(1) 单击"业务工作"标签,选择"人力资源"→"培训管理"→"统计分析"→"动态报表",打开"动态报表"。

(2) 单击"(141) 培训管理",选择"312 培训活动统计表",如图 5-19 所示。

(3) 弹出"参数赋值"对话框,输入报表参数值,如图 5-20 所示。

(4) 单击【确定】按钮后,显示培训活动统计表,如图 5-21 所示。

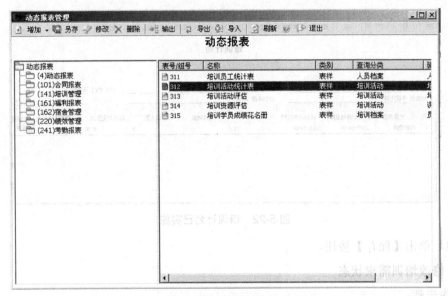

图 5-19 选择培训活动统计表

图 5-20 输入报表参数

图 5-21 销售部门员工培训汇总表

5.4.7 培训完成

需修改本次的培训计划和招聘需求的执行状态，告知一项完整的培训过程执行结束。

1. 修改培训计划状态

操作步骤：

（1）单击"业务工作"标签，选择"人力资源"→"培训管理"→"培训计划"，打开"培训计划"。

（2）选择"新员工入职培训"计划。

（3）单击【修改】按钮，修改"计划实施状态：已实施"，如图 5-22 所示。

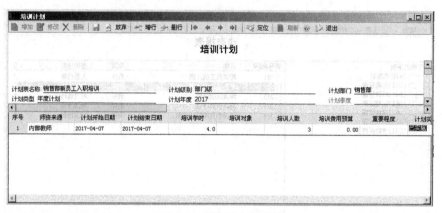

图 5-22 培训计划已实施

（4）单击【保存】按钮。

2. 修改培训需求状态

操作步骤：

（1）单击"业务工作"标签，选择"人力资源"→"培训管理"→"培训需求"，打开"培训需求"。

（2）选择"新员工入职培训"需求。

（3）单击【修改】按钮，修改"需求满足状态：已满足"，如图 5-23 所示。

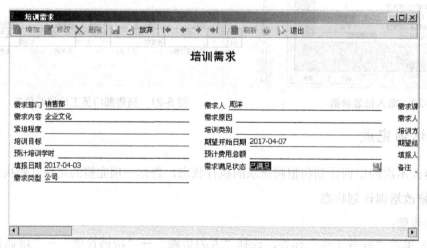

图 5-23 培训需求已满足

（4）单击【保存】按钮。

到此，回顾图 5-2 培训管理平台作业流程，一个完整培训需求工作任务单，及培训计划工作任务单已全部操作完成。请参考第 1 章 4.2 节，输出账套：实验账套五。

 练习题

1. 输入培训需求,如表 5-11 所示。

表 5-11　部门培训需求

需求部门	需求人	需求课程	需求人数	希望开始日期	希望结束日期	填报日期
销售部	李华	电子商务培训	12	2017-5-7	2017-5-9	2017-5-3

2. 制订培训计划,如表 5-12 所示。

表 5-12　培训计划(a)

计划表名称	计划级别	计划部门	计划类型	计划年份	计划年度
电子商务培训	部门级	销售部	年度计划	2017	2017

表 5-12　培训计划(b)

序号	培训名称	培训类别	培训方式	培训内容	计划开始时间	计划结束时间	培训人数
1	电子商务培训	其他	在职全脱产	平台运作技能	2017-5-7	2017-5-9	12

3. 培训实施,如图 5-13 所示。

表 5-13　培训活动

培训名称	授课教师	课程内容	课程学时	授课开始日期	授课开始时间	授课结束日期	授课结束时间
新员工入职培训	周洋	平台运作技能课程	12	2017-5-7	8:00	2017-5-9	12:00

4. 培训活动评估截图,参考图 5-11。
5. 培训资源评估截图,参考图 5-12。
6. 部门培训员工统计表截图,参考图 5-18。
7. 培训活动统计表截图,参考图 5-21。
8. "电子商务培训计划"的计划实施状态修改为已实施;"电子商务培训需求"的需求满足状态修改为已满足。

 思考题

1. 培训管理包括哪些内容？
2. 简述 e-HRMS 的培训管理模式。
3. 简述培训管理模式的工作原理。
4. 简述培训计划的处理过程。
5. 简述培训活动的处理过程。
6. 简述培训评估的处理过程。
7. 总结培训管理技能。
8. 本章在培训管理模式中，可能会存在哪些问题，如何改进？

第 6 章

薪酬管理

学习目标

- 了解薪酬管理的概念和内容
- 理解薪酬管理信息模式
- 掌握薪酬管理的实务

学习技能

- 学会薪酬管理系统构建的基本技能
- 学会薪酬管理信息系统平台作业的基本技能
- 掌握工资账表处理的基本技能
- 掌握一个完整的工资处理过程的基本技能

6.1 背景知识

6.1.1 薪酬管理概述

薪酬泛指员工获得的一切形式的报酬,包括薪资、福利和保险等各种直接或间接的报酬。根据薪酬不同的表现形式可分为精神的与物质的、有型的与非货币的、内在的与外在的。

"从某种意义上说,薪酬是组织对员工的贡献包括员工的态度、行为和业绩等给予的各种回报。"是员工为企业工作所得的各种货币收入,以及具体的服务和福利之和。薪酬包括岗位工资、绩效工资、各种奖金、加班费及员工持股、期权激励、福利和服务。而薪资是薪金、工资的简称。

薪酬管理是企业在国家宏观政策的允许范围内,制定、实施薪酬制度的企业微观管理活动过程,包括对员工报酬的支付标准、发放水平、要素结构的确定、分配和调整。

6.1.2 薪酬管理的内容

薪酬管理的内容包括薪酬总额管理、薪酬水平管理、薪酬制度管理、薪酬日常管理。

薪酬总额管理。它可以通过分析"员工月实发工资汇总"信息进行控制。

薪酬水平。它可以通过分析"员工实发工资"信息,并与企业外部,如社会或区域同类情况对比后进行控制。

薪酬制度管理。根据国家法定工资规定、个人所得税的相关法律条文设计薪酬标准,建立薪酬管理体系。

薪酬日常管理。它是对薪酬微观活动——工资(或薪资或薪金)的过程管理。这是因为在工资的管理中,实发工资的月处理的数据处理量大、工资的项目繁多、工资的数据计算要求精度高,误差要求为"零",其处理时间也非常有限。因此在企业里,薪资的处理是一项既累人又累心的工作。

6.2 薪酬管理系统

薪酬管理系统是"人力资源管理系统,e-HRMS"的重要模块之一,关联到各个管理模块,以实现人力资源管理的高度集成。薪酬管理系统还可以直接关联考勤管理系统,获取影响薪资发放的原始数据。薪酬管理涵盖的专业知识是很多的,因此在人工处理的时候要求具备很多资料。

同样薪酬管理系统的设置也是比较复杂的。它包括薪酬标准的设置、薪酬结构的调整、工资项目的设置、个人所得税的设置、工资账套、工资与奖金的计算公式、实际工资和奖金发放的统计报表等。如果要求在一些资料间建立约束条件,就需要进行项目参数的设置,或建立数据的链接关系;如果需要进行数据处理,还需设置计算公式。

6.2.1 薪酬管理模式

1. 薪酬管理模式

图 6-1 为薪酬管理模式,包括部门、e-HRMS 的模块和业务流程 3 个方面。

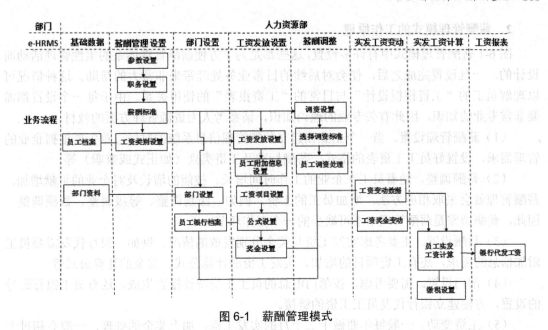

图 6-1 薪酬管理模式

（1）部门。薪酬管理一般由人力资源部门负责，所有的基础数据和记录都是集中管理的，可以共享。

（2）e-HRMS。包括基础数据、薪酬管理设置、薪酬调整、工资发放设置、部门设置、实发变动、实发工资计算、统计报表多个功能模块。

（3）业务流程。表示在 e-HRMS 支撑下，基础数据、薪酬体系中的薪酬标准设置、薪酬结构的调整、工资发放次数、实发工资变动及奖金变动的算法、各类工资统计报表的生成等日常薪酬活动的工作顺序。其中：

① 基础数据。e-HRMS 系统共用的员工档案和部门资料。

② 薪酬管理设置。薪酬管理系统参数设置，建立一套标准的企业工资账。工资账设置多种标准。例如，企业常用的职务工资或岗位工资作为薪酬标准。

③ 薪酬调整。薪酬对于员工的激励是提升员工工作积极性的重要手段之一。薪酬的构成是多样化的，如薪酬级别、等级、数额等的薪酬调整业务的设置。通过实施薪酬调整的业务规格，对适合的员工进行薪酬调整，以利于增加员工对企业的认同感。

④ 薪酬设置。包括工资发放次数的设置、人员附加信息的设置、工资项目构成的设置、工资项目的计算公式及奖金构成的设置。

⑤ 部门设置。关于部门与员工的工资档案及银行账号的设置。

⑥ 实发工资和奖金变动。指每个月都可能遇到的员工工资变化情况，e-HRMS 要求将工资变化的数据输入后，再由系统自动地计算实发工资和奖金的情况。

⑦ 统计报表。指当实发工资与奖金计算完成后，系统会自动地提交各种统计报表。

2. 薪酬管理模式的工作原理

图 6-1 薪酬管理模式中有许多设置,这些都是为了方便薪酬管理体系的柔性管理活动而设计的。一旦设置完成之后,便会对后续的日常业务处理带来非常大的帮助。这种情况可以理解员工的"工资模板设计"与日常的"工资报表"的使用关系。由于每一个设置都需要非常专业的知识,因此有关专业的理论知识,请参考人力资源管理方面的教材。

(1)薪酬管理设置。当一个企业在建立薪酬管理信息系统的时候,首先要根据企业的管理需求,设置好员工工资表的格式、薪酬标准及工资类别(如正式或兼职)等。

(2)薪酬调整。随着员工在企业的工作时间增长、技能的增长及对企业的贡献增加,薪酬管理就会采取相应方法,增加员工的工资。例如,级别调整、等级调整、数额调整。因此,薪酬调整是薪酬管理中不可缺少的一个工作环节。

(3)薪酬设置。主要考虑实发工资与奖金分别发放的情况。例如,银行代发需要员工附加信息的需求,还有工资项目的增加、实发工资的计算公式、奖金的计算公式等。

(4)部门设置。需要考虑,按部门汇总的员工工资统计报表生成。还有员工银行账号的设置,方便建立银行代发员工工资的链接。

(5)工资变动。一般每年要做十二个月的实发工资,加上奖金的处理,一般会超过十二次以上。当所有的设置完成后,实发工资和奖金可能发生变化,这时可以通过手动输入数据。当数据输入完成后,系统会自动地计算员工的实发工资和奖金。由于工资处理是非常严谨的工作,用系统计算出的数据,一方面可以大大减少人工计算的工作量,同时也避免了人工计算出现的错误。

(6)报表。当实发工资和奖金计算完成后,系统会提供许多统计报表,作为薪酬管理的统计数据分析。

6.2.2 典型案例

1. 案例描述

编制表 6-1 ABC 公司员工的《月实发工资表》和《月度绩效考核奖金表》。

表 6-1 ABC 公司员工资料

员工编码	员工名称	人员类别	审核通过	部门	岗位	职务
000000001	李健	正式工	通过	直营组	销售经理	中级工程师
0026	李华	正式工	通过	直营组	销售业务员	中级工程师
0027	张明	正式工	通过	直营组	销售业务员	中级工程师
000000002	郭俊	正式工	通过	专卖组	店长	中级工程师
000000003	李佳	正式工	通过	专卖组	店员	助理工程师

2. 工作任务

参照表 6-1 ABC 公司薪酬资料的情况，完成以下 3 个学习任务和技能：
(1) 薪酬管理系统设置；
(2) 企业工资的处理过程；
(3) 工资报表分析。

6.2.3 解决方案

按照图 6-1 薪酬管理模式，薪酬管理信息系统应该支持以下 3 方面的工作。
(1) 薪资管理系统设置；
(2) 薪资数据处理；
(3) 薪资报表与统计分析。

6.3 薪酬管理实务准备

6.3.1 工作环境

(1) 修改 XP Windows 桌面上的系统日历：2017.5.13；
(2) 导入[333]e-HRMS 实验五账套；
(3) 以用户 1000，李想的身份登录 ABC 公司的 e-HRMS 平台。

6.3.2 工作内容

(1) 薪酬管理系统设置；
(2) 月工资处理；
(3) 报表分析。

6.3.3 工作资料

(1) 表 6-2 ABC 人员职务设置资料；
(2) 表 6-3 ABC 人员职务资料；
(3) 表 6-4 ABC 公司薪酬标准；
(4) 表 6-5 发放次数设置；
(5) 表 6-6 ABC 公司工资项目参数；
(6) 表 6-7 ABC 公司奖金参数；
(7) 表 6-8 银行参数设置；

（8）表 6-9 ABC 员工银行账户信息；
（9）表 6-10 ABC 公司工资项目&考勤公式；
（10）表 6-11 ABC 公司员工实发工资资料；
（11）表 6-12 ABC 公司员工奖金资料。

6.4 薪酬管理实务

基于 e-HRMS 平台的薪酬管理实务的操作主要包括薪酬管理系统设置、月工资处理、工资报表分析共 3 个方面的工作，如图 6-2 所示。图中薪酬管理的设置是比较复杂的，它们涉及了很多专业知识、具体的知识环节，详情请参考人力资源管理方面的教材。

薪酬管理设置是一次性的。当完成了设置后，每个月的工资处理，便会方便快捷很多。

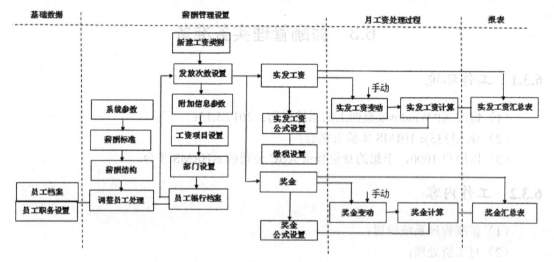

图 6-2　薪酬管理平台作业流程

6.4.1　参数设置

1. 系统基础数据设置

（1）职务资料设置。

操作步骤：

① 在"企业应用平台"，单击"基础设置"标签，选择"基础档案"→"机构人员"→"职务档案"，打开"职务列表"。

② 单击【增加】按钮，输入表 6-2 资料，如图 6-3 所示。

表 6-2　ABC 人员职务设置资料

职务编码	职务名称	职务族	职层	是否限制任职
01	总经理	行政职务	决策	否
02	副总经理	行政职务	管理	否
03	部门经理	行政职务	执行	否
04	业务经理	行政职务	作业	否
05	总工程师	技术职务	决策	否
06	高级工程师	技术职务	管理	否
07	中级工程师	技术职务	作业	否
08	初级工程师	技术职务	作业	否

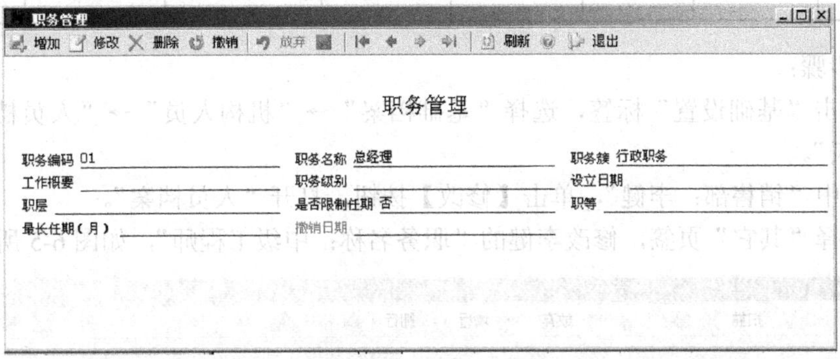

图 6-3　职务资料

③ 单击【保存】和【退出】按钮，返回"职务列表"，如图 6-4 所示。

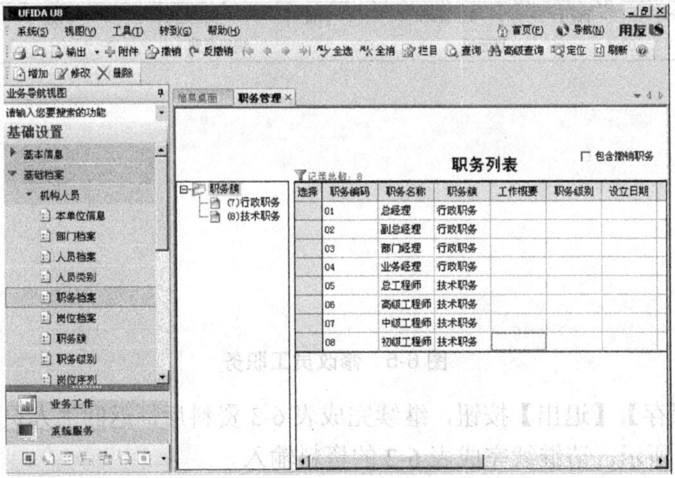

图 6-4　职务列表

（2）员工职务设置。

表 6-3 为 ABC 人员职务资料。

表 6-3 ABC 人员职务资料

员工编码	员工名称	部门	员工类别	审核标志	岗位	职务族	职务名称
0000000001	李健	直营组	正式工	通过	销售经理	技术职务	中级工程师
0000000002	郭俊	专卖组	正式工	通过	店长	技术职务	中级工程师
0000000003	李佳	专卖组	正式工	通过	店员	技术职务	初级工程师
0025	周洋	销售部	正式工	通过	销售部长	行政职务	部门经理
0026	李华	直营组	正式工	通过	销售业务员	技术职务	中级工程师
0027	张明	直营组	正式工	通过	销售业务员	技术职务	中级工程师

操作步骤：

① 单击"基础设置"标签，选择"基础档案"→"机构人员"→"人员档案"，打开"人员列表"。

② 选中"销售部：李健"，单击【修改】按钮，打开"人员档案"。

③ 选择"其它"页签，修改李健的"职务名称：中级工程师"，如图 6-5 所示。

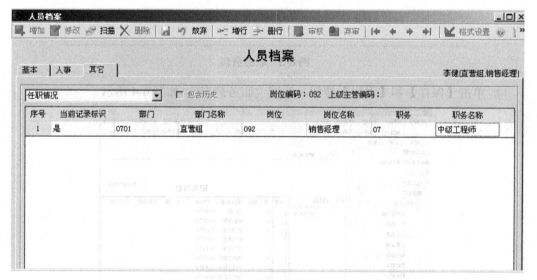

图 6-5 修改员工职务

④ 单击【保存】，【退出】按钮，继续完成表 6-3 资料后，返回"人员列表"，选中"销售部"，如图 6-6 所示。请继续完成表 6-2 的资料输入。

⑤ 拉动图 6-6 的滚动条，可见到"人员列表"中的"审核标志：通过"。

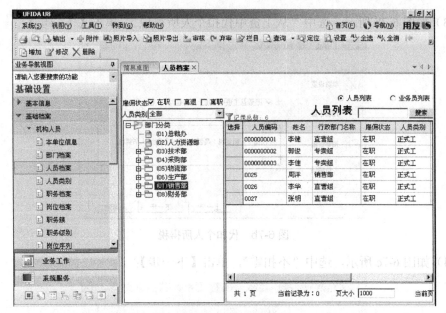

图 6-6 人员列表

2．系统参数设置

系统参数设置主要是为薪资处理准备的。要考虑到本企业的薪资发放次数、发放的是人民币还是外币、是否代扣个人所得税、工资计算是否需要扣掉零钱。

操作步骤：

（1）单击"业务工作"标签，选择"人力资源"→"薪资管理"，弹出"建立工资套"对话框。

（2）如图 6-7a 所示，选中"工资类别个数：多个"，单击【下一步】。

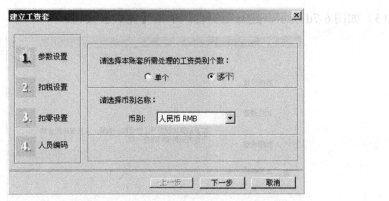

图 6-7a 多个工资发放次数

(3) 如图 6-7b 所示，选中"从工资中代扣个人所得税"，单击【下一步】；

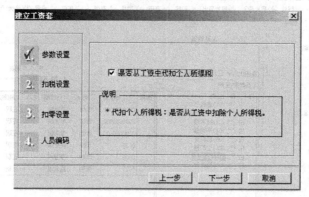

图 6-7b 代扣个人所得税

(4) 如图 6-7c 所示，选中"不扣零"，单击【下一步】；

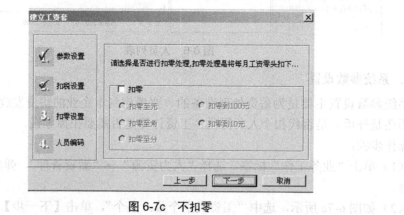

图 6-7c 不扣零

(5) 如图 6-7d 所示，建立工资套，单击【完成】按钮。

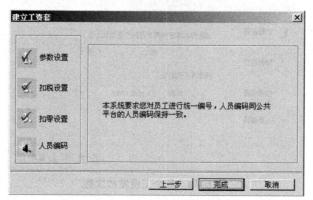

图 6-7d 建立工资套

3．薪酬标准设置

企业会根据公司的经营状况，结合市场薪资调查数据，制定适合本公司的薪资制度、薪资结构以及薪资标准。

薪资标准主要是为了解决等级工资制度的薪资标准确定的问题，当然，也可以利用薪资标准提供的薪资公式来计算工龄工资。

薪资标准目录主要用于对各种薪资标准的组织管理，可将同类的薪资标准表、薪资公式归到一个薪资标准目录下。

表6-4为ABC公司薪酬标准。

表6-4 ABC公司薪酬标准

序　号	职　务	职务工资/元
1	总经理	7 000
2	副总经理	6 500
3	部门经理	6 000
4	业务经理	5 500
5	总工程师	5 000
6	高级工程师	4 500
7	中级工程师	4 000
8	初级工程师	3 500

操作步骤：

（1）单击"业务工作"标签，选择"人力资源"→"薪资管理"→"薪资标准"，打开"薪资标准"。

（2）单击【增加】按钮，系统弹出"增加薪资标准"对话框，选中"薪资标准表"，在文本框输入"管理人员工资"，单击【下一步】，如图6-8所示。

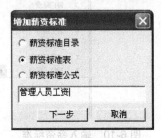

图6-8 增加薪资标准表

（3）弹出"薪资标准表"对话框，选中"对应工资项目：职务工资"。选择"薪资标准参照项目：参照项目→任职情况→职务"，选中"职务"，如图6-9所示，单击【完成】按钮，打开"薪资标准"。

图 6-9 选中职务工资

（4）输入表 6-4 资料，如图 6-10 所示，单击【保存】按钮。

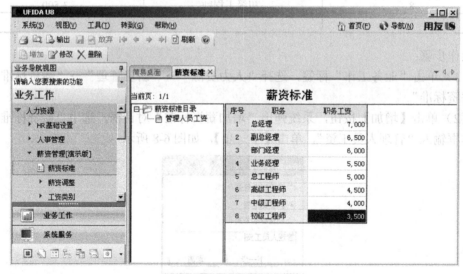

图 6-10 输入薪资标准

4. 薪酬调整

目前在企业的实际情况中，工资的处理是十分复杂的。不同的员工可能采用不同的工资制度，对同一类调资业务，不同的员工也有不同的工资项目，或不同的薪资标准表和薪资公式。为了简化调资业务的处理，系统在调资类别下建立调资业务。

因此对调资业务可以进行分类，每个调资类别下可以设置具体的调资业务。系统预置的类别：新员工定级、转正定级、薪资级别调整、薪资等级调整、薪资数额调整等；企业也可以根据自己的需要建立新的调资类别。

（1）调资设置。

操作步骤：

① 单击"业务工作"标签，选择"人力资源"→"薪资管理"→"薪资调整"→"调资设置"，打开"调资设置"。

② 单击【增加】的下拉列表，选择"调资类别"，如图 6-11 所示，弹出"增加"对话框，输入"薪资构成调整"，如图 6-12 所示。

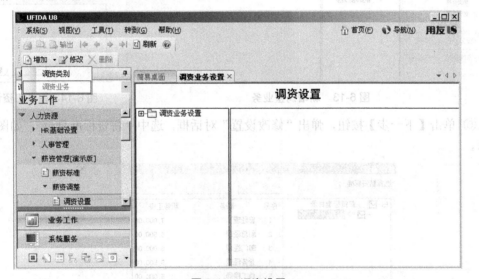

图 6-11　调资设置

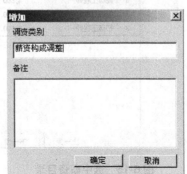

图 6-12　调资类型设置

③ 单击【确定】按钮，返回调资设置，新增"薪资构成调整"调资业务，如图 6-13 所示。

④ 选择"调资业务设置"→"薪资构成调整"，单击【增加】的下拉列表，选择"调资业务"弹出"增加"对话框，输入"职务工资"，如图 6-14 所示。

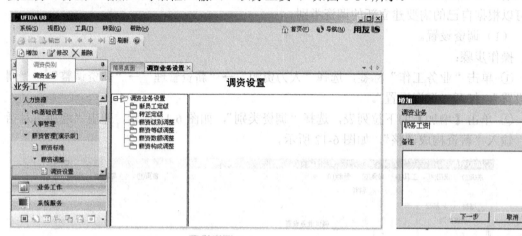

图 6-13　新增调整业务　　　　　　　　图 6-14　职务工资设置

⑤ 单击【下一步】按钮，弹出"修改设置"对话框，选中"薪资标准目录"，如图 6-15 所示。

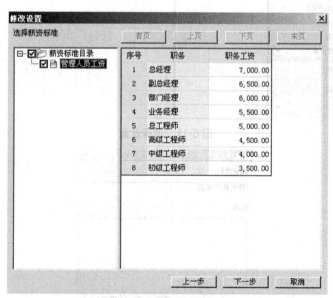

图 6-15　选中薪资目录

⑥ 单击【下一步】按钮，弹出"设置人员范围"对话框，选中"正式工"，如图 6-16 所示。

⑦ 单击【下一步】按钮，弹出"选择人员档案项目"对话框，如图 6-17 所示。

 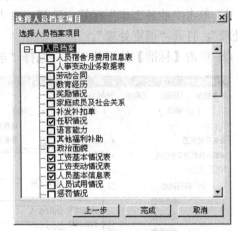

图 6-16　设置人员范围　　　　　　　　图 6-17　选中人员档案项目

⑧ 单击【完成】按钮，返回"调资设置"，如图 6-18 所示。

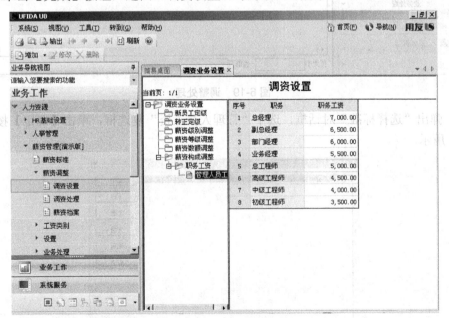

图 6-18　调资业务设置

（2）调资处理。根据设置的调资业务规则，选择符合条件的员工执行调资业务，并将薪资变动结果记录到人员薪资档案表及员工薪资变动档案表中。

调资处理支持单人或多人的情况，可以选择单个或多个标准表、调整标准表的计算顺序、定义新公式计算薪资，也可以打开标准表，对照标准表手工调整工资。

操作步骤：

① 单击"业务工作"标签，选择"人力资源"→"薪资管理"→"薪资调整"→"调资处理"，打开"调资处理"。

② 单击【标准】的下拉列表，选择"选择标准"，如图6-19所示。

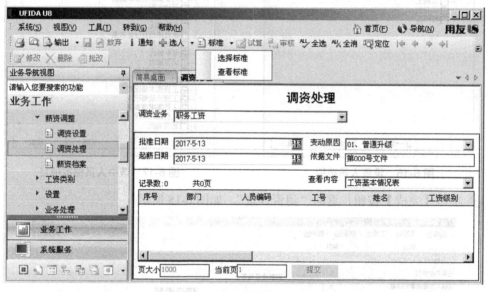

图 6-19　调整处理

③ 弹出"选择标准"对话框，选中"管理人员工资"复选框，单击【确定】按钮，如图6-20所示。

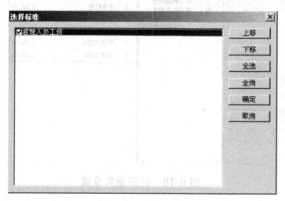

图 6-20　选择标准

④ 单击【选人】的下拉列表,选择"类别选人",为案例"管理人员工资"类别下的员工名单,如图 6-21 所示。

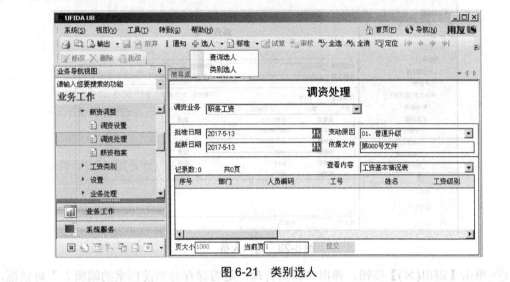

图 6-21 类别选人

⑤ 弹出"类别选人"对话框,选中"销售部、直营组、专卖组"的员工,如图 6-22 所示。

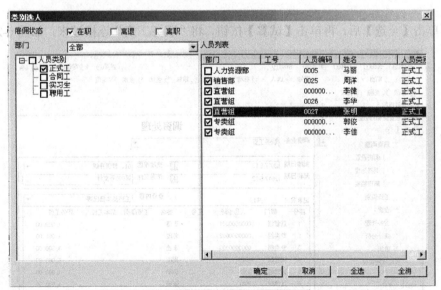

图 6-22 选择人员

⑥ 单击【确定】按钮,返回"调资处理",如图 6-23 所示。

图 6-23　选入人员

⑦ 单击【退出(×)】按钮,弹出"薪资管理:是否保存对当前档案的编辑?"对话框,单击"否"。重新进入"调资处理"。

⑧ 重新选择【标准】下拉列表,选择"选择标准",选中"管理人员工资",如图 6-20 所示。

⑨ 单击【全选】后,再单击【试算】按钮,将"职务工资"连接过来,如图 6-24 所示。

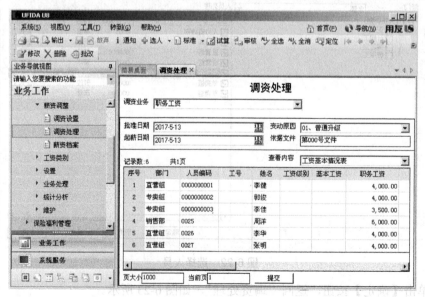

图 6-24　工资试算结果

⑩ 单击【全选】后，再单击【审核】按钮，弹出"薪资管理"对话框"要审核第 1 行到第 6 行记录吗？"单击【确定】按钮，完成调资处理。

（3）调资档案查询。

① 单击"业务工作"标签，选择"人力资源"→"薪资管理"→"薪资调整"→"薪资档案"，打开"薪资档案"，如图 6-25 所示。

② 显示薪资标准调整信息。

③ 关闭"薪资处理"。

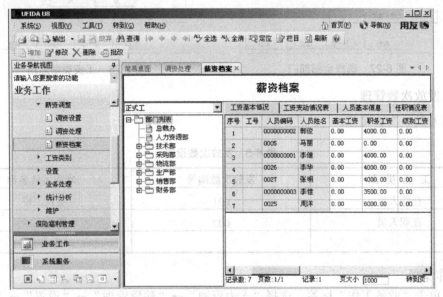

图 6-25 薪资档案

5．新建工资类别

操作步骤：

（1）单击"业务工作"标签，选择"人力资源"→"薪资管理"→"工资类别"→"新建工资类别"，弹出"新建工资类别"对话框。

（2）输入"在职人员"，如图 6-26 所示，单击【下一步】。

（3）弹出"新建工资类别"对话框，选中"全部部门"，如图 6-27 所示，单击"完成"。

（4）弹出"薪资管理：是否以 2017-5-13 为当前工资类别的启用日期？"对话框，如图 6-28 所示，单击"是"，启用新建工资类别。

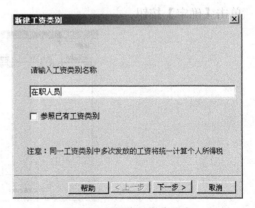

图 6-26 新建工资类别名

(5）选择"薪资管理"→"工资类别"→"关闭工资类别"。

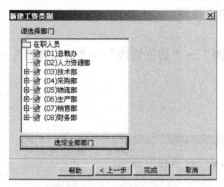

图 6-27　选择全部部门

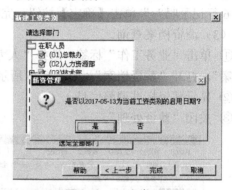

图 6-28　工资类别启用

6. 发放次数管理

（1）发放次数设置。

表 6-5　发放次数设置

工 资 类 别	发放次数编号	本次发放名称
在职人员	001	实发工资
在职人员	002	奖金

操作步骤：

① 单击"业务工作"标签，选择"人力资源"→"薪资管理"→"设置"→"发放次数管理"，弹出"发放次数管理"对话框。

② 单击"升级多次"，参照表 6-5，输入"本次发放名称：实发工资"，如图 6-29a 所示，单击【确定】按钮。

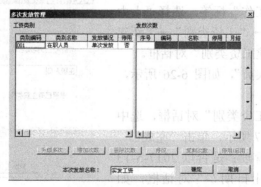

图 6-29a　升级多次

③ 单击【增加次数】，输入"本次发放名称：奖金"，如图 6-29b 所示，关闭"多次发放管理"对话框。

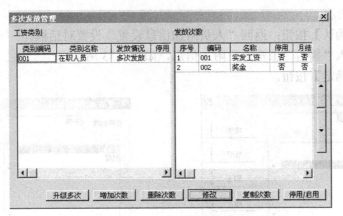

图 6-29b　多次发放管理设置

（2）人员附加信息设置。

操作步骤：

① 单击"业务工作"标签，选择"人力资源"→"薪资管理"→"设置"→"人员附加项信息设置"，弹出"人员附加信息设置"对话框，如图 6-30 所示。

② 输入"信息名称：性别"。

③ 单击【增加】按钮，输入"信息名称：婚否"，单击【增加】，如图 6-31 所示。

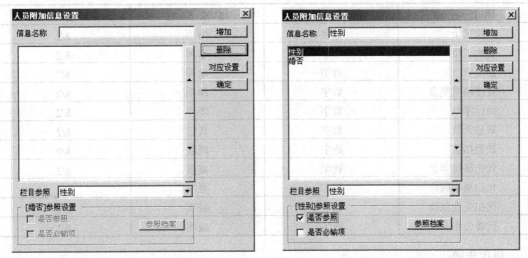

图 6-30　设置信息名称　　　　　　　图 6-31　参照档案设置

④ 选中"性别"信息，选中"是否参照"复选框后，单击"参照档案"，如图 6-31 所

示。弹出"工资人员附加信息"对话框。

⑤ 输入"参照档案：女"，单击"增加"，再输入"参照档案：男"，单击【增加】按钮，如图 6-32 所示。

⑥ 单击【确认】按钮；返回"人员附加信息设置"设置对话框。

⑦ 同理输入"婚否"工资人员附加信息，如图 6-33 所示。

⑧ 单击【确定】按钮。

图 6-32　输入参照档案信息

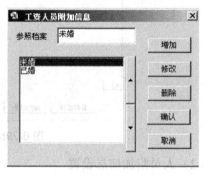

图 6-33　婚否设置

7. 工资项目设置

（1）工资项目基本设置。

表 6-6　ABC 公司工资项目参数

项目名称	数据类型	增减属性	长度/小数
岗位工资	数字	增项	8/2
基本工资	数字	增项	8/2
加班费	数字	增项	8/2
月度绩效奖金	数字	增项	8/2
岗位津贴	数字	增项	8/2
缺勤天数	数字	其它	8/2
缺勤扣款	数字	减项	8/2
代扣基础养老	数字	减项	8/2
代扣基础医疗	数字	减项	8/2
代扣失业保险	数字	减项	8/2
代缴公积金	数字	减项	8/2

操作步骤：

① 单击"业务工作"标签，选择"人力资源"→"薪资管理"→"设置"→"工资项目设置"，弹出"工资项目设置"对话框。

② 单击【增加】按钮,在"名称参照"的下拉列表中,双击"岗位工资"便自动加入"工资项目名称",如图 6-34a 所示。如果"名称参照"中没有项目,则可以直接手工输入,参照输入表 6-6 资料。

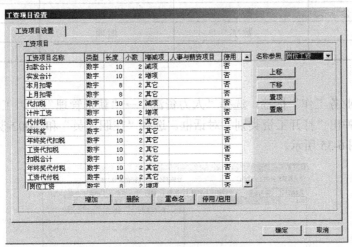

图 6-34a 工资项目设置

③ 修改增减项。单击"增项&减项"的下拉列表,选中"增项&减项",如图 6-34b 所示。

图 6-34b 增减项设置

④ 单击【确定】按钮,弹出"薪资管理:工资项目已经修改,请确认各工资类别的公式是否正确。否则计算结果可能不正确"对话框,单击【确定】按钮,工资项目设置完成。

(2)奖金设置。

表 6-7　ABC 公司奖金参数

岗位等级编码	数据类型	增减属性	长度/小数
加班费	数字	增项	8/2
月度绩效奖金	数字	增项	8/2
岗位津贴	数字	增项	8/2

操作步骤：

① 单击"业务工作"标签，选择"人力资源"→"薪资管理"→"工资类别"→"打开工资类别"，弹出"打开工资类别"对话框。选择"在职人员"和"002-奖金"，单击【确定】按钮，如图 6-35 所示。

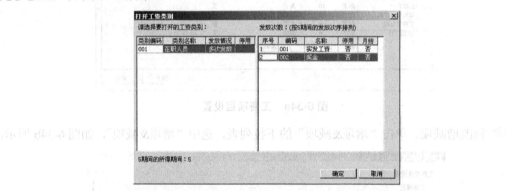

图 6-35　选择奖金类别

② 单击"业务工作"标签，选择"人力资源"→"薪资管理"→"设置"→"工资项目设置"，弹出"工资项目设置"对话框。

③ 输入表 6-7 资料，如图 6-36 所示，单击【确定】按钮。

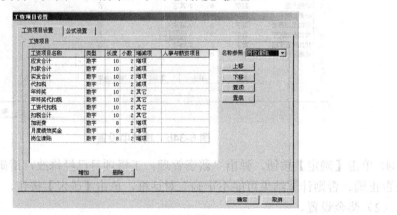

图 6-36　奖金项目设置

8. 部门设置

（1）实发工资部门设置。

操作步骤：

① 单击"业务工作"标签，选择"人力资源"→"薪资管理"→"工资类别"→"打开工资类别"，弹出"打开工资类别"对话框，选择"在职人员"和"001-实发工资"，如图6-37所示，单击【确定】按钮。

图 6-37　选择实发工资类别

② 单击"业务工作"标签，选择"人力资源"→"薪资管理"→"设置"→"部门设置"，弹出"部门设置"对话框。

③ 选中所有部门，如图6-38所示，单击【确定】按钮。

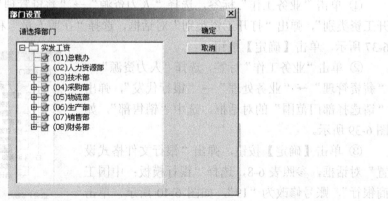

图 6-38　实发工资部门设置

（2）奖金部门设置。

① 单击"业务工作"标签，选择"人力资源"→"薪资管理"→"工资类别"→"打

开工资类别",弹出"打开工资类别"对话框,选择"在职人员"和"002-奖金",如图6-35所示,单击【确定】按钮。

② 单击"业务工作"标签,选择"人力资源"→"薪资管理"→"设置"→"部门设置",弹出"部门设置"对话框,选中"所有部门",如图6-38所示,单击【确定】按钮。

9. 薪酬人员档案设置

表6-8 银行参数设置

编 号	银 行 名 称	账 号 长 度	备 注
001	中国工商银行	19	

表6-9 ABC员工银行账户信息

人员姓名	银行名称	银行账号	性 别	婚 否
李健	中国工商银行	1111111111111111111	男	已婚
张明	中国工商银行	2222222222222222222	男	已婚
李华	中国工商银行	3333333333333333333	男	已婚
郭俊	中国工商银行	4444444444444444444	男	未婚
李佳	中国工商银行	5555555555555555555	女	未婚

(1)银行文件格式设置。

操作步骤:

① 单击"业务工作"标签,选择"人力资源"→"薪资管理"→"工资类别"→"打开工资类别",弹出"打开工资类别"对话框,选择"在职人员"和"001-实发工资",如图6-37所示,单击【确定】按钮。

② 单击"业务工作"标签,选择"人力资源"→"薪资管理"→"业务处理"→"银行代发",弹出"请选择部门范围"的对话框,选中"销售部",如图6-39所示。

③ 单击【确定】按钮,弹出"银行文件格式设置"对话框,参照表6-8,选择"银行模板:中国工商银行",账号修改为"19",如图6-40所示,单击"确定"按钮。

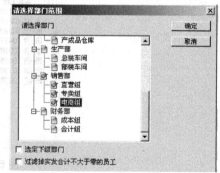

图6-39 选中销售部

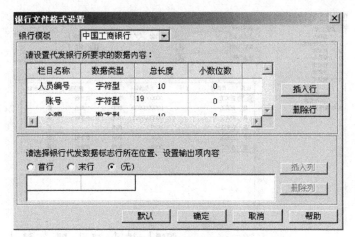

图 6-40 银行文件格式设置

④ 弹出"薪资管理：确认设置的银行文件格式吗？"选择"是"，打开"银行代发一览表"，如图 6-41 所示，关闭"银行代发一览表"。

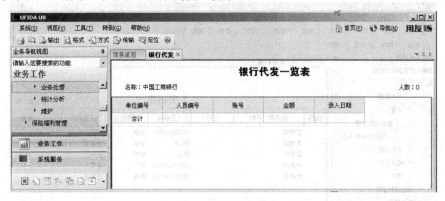

图 6-41 银行代发一览表

（2）员工资料设置。

操作步骤：

a. 实发员工资料设置。

① 单击"业务工作"标签，选择"人力资源"→"薪资管理"→"工资类别"→"打开工资类别"，弹出"打开工资类别"的对话框，选择"在职人员"和"001-实发工资"，如图 6-37 所示，单击【确定】按钮。

② 单击"业务工作"标签，选择"人力资源"→"薪资管理"→"设置"→"人员档案"，打开"人员档案"。

③ 单击【批增】按钮，弹出"人员批量增加"对话框，选中"销售部"，条件查询"人员类别：正式工"，单击【查询】按钮，如图 6-42 所示。

图 6-42 批增处理

④ 单击【确定】按钮，显示"人员档案"明细，如图 6-43 所示。

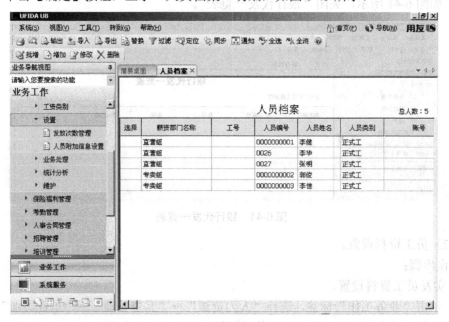

图 6-43 人员档案明细表

⑤ 选中"李健"，单击【修改】按钮，弹出"员工档案明细"对话框，参照表 6-9，修改"银行名称：中国工商银行；银行账号：1111111111111111111"，如图 6-44 所示。

⑥ 选择"附加信息"页签，输入"性别和婚否"的信息。

⑦ 单击【确定】按钮，弹出"薪资管理：写入该员工档案信息吗？"对话框，单击【确

定】按钮，继续完成表 6-9 资料的输入。

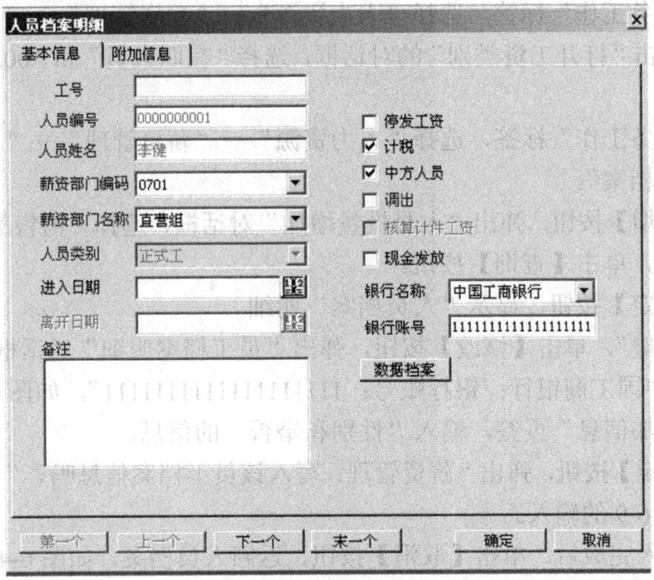

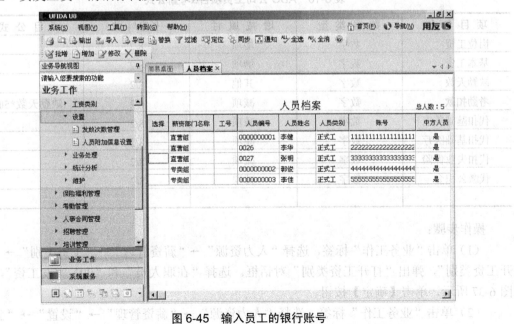

图 6-44　人员银行账号输入

⑧ 表 6-9 资料输入完成后，单击【取消】按钮，返回“人员档案”，如图 6-45 所示。员工“实发工资”的银行代发资料设置完成。

选择	薪资部门名称	工号	人员编号	人员姓名	人员类别	账号	中方人员
	直营组		0000000001	李健	正式工	1111111111111111111	是
	直营组		0026	李华	正式工	2222222222222222222	是
	直营组		0027	张明	正式工	3333333333333333333	是
	专卖组		0000000002	郭俊	正式工	4444444444444444444	是
	专卖组		0000000003	李佳	正式工	5555555555555555555	是

图 6-45　输入员工的银行账号

b. 员工的奖金资料设置。

① 单击"业务工作"标签,选择"人力资源"→"薪资管理"→"工资类别"→"打开工资类别",单击"打开工资类别"的对话框,选择"在职人员"和"002-奖金",单击【确定】按钮。

② 单击"业务工作"标签,选择"人力资源"→"薪资管理"→"设置"→"人员档案",打开"人员档案"。

③ 单击【批增】按钮,弹出"人员批量增加"对话框,选择"销售部",条件查询"人员类别:正式工",单击【查询】按钮。

④ 单击【确定】按钮,显示"人员档案"明细。

⑤ 选中"李健",单击【修改】按钮,弹出"员工档案明细"对话框,参照表6-9,修改"银行名称:中国工商银行;银行账号:1111111111111111111",如图6-44所示。

⑥ 选择"附加信息"页签,输入"性别和婚否"的信息。

⑦ 单击【确定】按钮,弹出"薪资管理:写入该员工档案信息吗?"对话框,单击【确定】,继续完成表6-9的输入。

⑧ 表6-9输入完成后,单击【取消】按钮,返回人员档案,如图6-45所示,员工"奖金"的银行代发资料设置完成。

10. 薪酬计算公式设置

表6-10 ABC公司工资项目&考勤公式

项目名称	数据类型	增减属性	长度/小数	项目公式
岗位工资	数字	增项	8/2	
基本工资	数字	增项	8/2	
缺勤天数	数字	其他	8/2	
考勤扣款	数字	减项	8/2	**缺勤天数*50**
代扣基础养老	数字	减项	8/2	
代扣基础医疗	数字	减项	8/2	
代扣失业保险	数字	减项	8/2	
代缴公积金	数字	减项	8/2	

操作步骤:

(1) 单击"业务工作"标签,选择"人力资源"→"薪资管理"→"工资类别"→"打开工资类别",弹出"打开工资类别"对话框。选择"在职人员"和"001-实发工资",如图6-37所示,单击【确定】按钮。

(2) 单击"业务工作"标签,选择"人力资源"→"薪资管理"→"设置"→"工资项目设置"选项，打开"工资项目设置"对话框。

（3）单击【增加】按钮，选择"名称参数：岗位工资"，加入到"工资项目"列表中，如图 6-46 所示，加入表 6-10 中的资料。

图 6-46　增加项目名称

（4）选择"公式设置"页签。在"工资项目"框内，单击【增加】，新增一行，再在新增的下拉列表内，选择"缺勤扣款"，如图 6-47 所示。

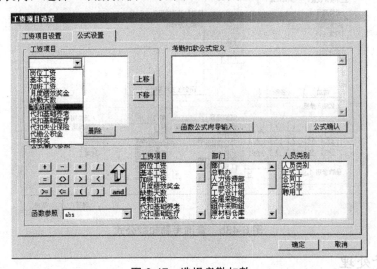

图 6-47　选择考勤扣款

（5）选择"工资项目：考勤扣款"后，再选中"公式输入参照"中的"工资项目：缺勤天数"，并在"考勤扣款公式定义：缺勤天数*50"。公式设置为：考勤扣款=缺勤天数*50。

单击"公式确定",如图6-48a所示,单击【确定】按钮。

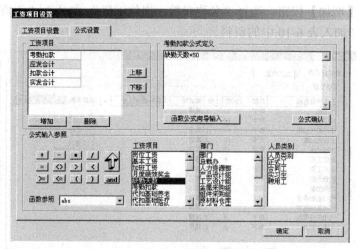

图6-48a　定义考勤扣款公式

(6)查询公式设置。单击"业务工作"标签,选择"人力资源"→"薪资管理"→"设置"→"工资项目设置"选项,打开"工资项目设置"的对话框;选择"公式设置",如图6-48b所示。(奖金的公式设置与此相同)。

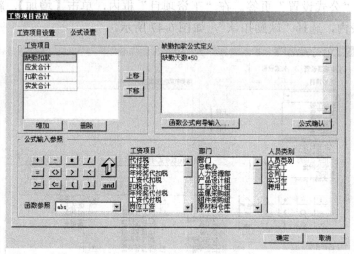

图6-48b　查询考勤扣款公式

6.4.2　薪资处理

薪资处理是每个月都要进行的。本案例中的人员姓名、职务、薪资标准都是已经设置好的。后面的岗位工资、基本工资、缺勤天数、代扣基础养老金是要手工输入完成的。"考勤扣款"应是设置自动计算出来的。

1. 输入员工实发工资资料

表 6-11　ABC 公司员工实发工资资料

单位：元

人员姓名	职务	薪资标准	岗位工资	基本工资	缺勤天数	考勤扣款	代扣基础养老金
李健	中级工程师	4 000	1 000	4 000			100
李华	中级工程师	4 000	1 000	4 000			100
张明	中级工程师	4 000	1 000	4 000			100
郭俊	中级工程师	4 000	1 000	4 000	3	150	100
李佳	初级工程师	3 500	600	3500			100

操作步骤：

（1）选择"实发工资"工资类别。

① 单击"业务工作"标签，选择"人力资源"→"薪资管理"→"工资类别"，打开"工资类别"对话框。

② 选择"在职人员"和"001-实发工资"，如图 6-37 所示，单击【确定】按钮。

（2）处理实发工资。

① 单击"业务工作"标签，选择"人力资源"→"薪资管理"→"业务处理"→"工资变动"。打开"工资变动"，如图 6-49 所示。

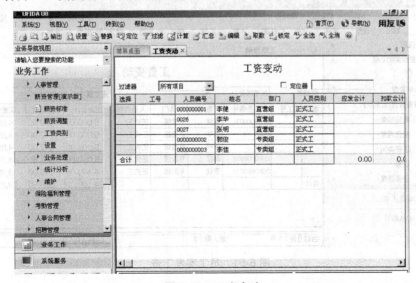

图 6-49　工资变动

② 选中"李健",单击【编辑】按钮,弹出"工资数据录入——页编辑"对话框,输入表 6-11 资料,如图 6-50 所示,单击【保存】。

图 6-50　输入员工实发工资资料

③ 单击【下一个】完成表 6-11 资料的输入后,单击【退出】,返回到"工资变动",如图 6-51 所示。

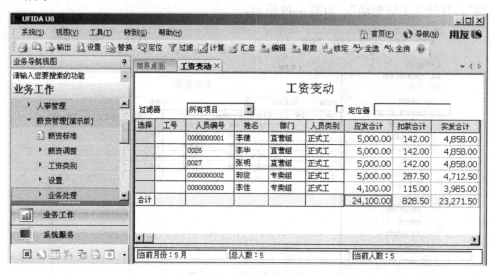

图 6-51　员工实发工资

④ 先单击【全选】和【计算】按钮,再单击【汇总】按钮。

⑤ 单击【关闭】按钮，完成实发工资的处理。

2．输入员工奖金资料

表 6-12 ABC 公司员工奖金资料

单位：元

人员姓名	加班费	月度绩效考核奖金	岗位津贴
李健	1 000	2 000	400
李华	500	2 000	400
张明	800	2 000	400
郭俊	400	2 000	400
李佳	300	1 000	300

操作步骤：

（1）选择奖金工资类别。

① 单击"业务工作"标签，选择"人力资源"→"薪资管理"→"工资类别"，打开"工资类别"对话框。

② 选择"在职人员"和"002-奖金"，如图 6-37 所示。

（2）计算奖金。

① 单击"业务工作"标签，选择"人力资源"→"薪资管理"→"业务处理"→"工资变动"，打开"工资变动"。

② 单击【编辑】按钮，弹出"工资数据录入——页编辑"对话框，输入表 6-12 资料，如图 6-52 所示。

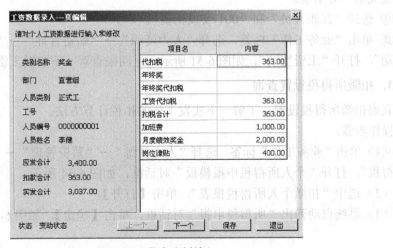

图 6-52 奖金资料输入

③ 单击【保存】和【退出】按钮,返回到"工资变动";继续编辑完成表 6-12 的资料输入,如图 6-53 所示。

④ 先单击【全选】和【计算】按钮,再单击【汇总】按钮,完成奖金发放数据的处理。

图 6-53 奖金输入查询

(3)查询实发工资变动。

操作步骤:

① 单击"业务工作"标签,选择"人力资源"→"薪资管理"→"工资类别",打开"工资类别"对话框。

② 选择"在职人员"和"001-实发工资"。

③ 单击"业务工作"标签,选择"人力资源"→"薪资管理"→"业务处理"→"工资变动",打开"工资变动"。如图 6-51 所示,返回来查看一下实发工资的输入情况。

3. 扣缴所得税设置查询

查询扣缴所得税设置,了解一下实发工资的扣税计算方法。

操作步骤:

(1)单击"业务工作"标签,选择"人力资源"→"薪资管理"→"业务处理"→"扣缴所得税",打开"个人所得税申报模板"对话框,如图 6-54 所示。

(2)选中"扣缴个人所得税报表",单击【打开】。

(3)系统自动弹出"所得税申报"对话框,单击【确定】,如图 6-55 所示。

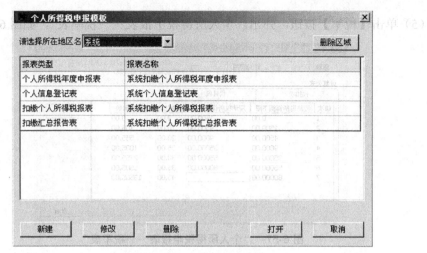

图 6-54　个人所得税申报模板

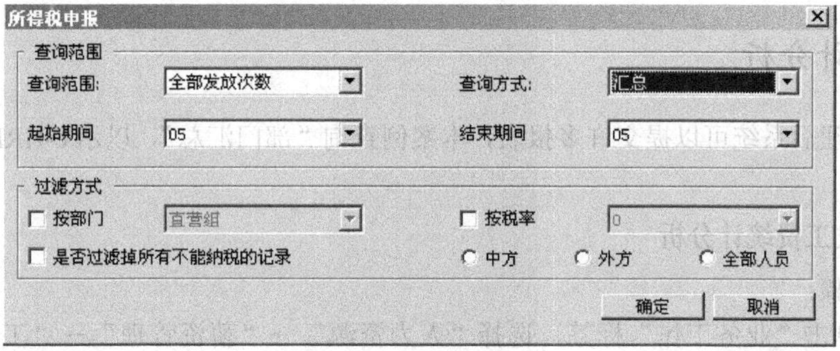

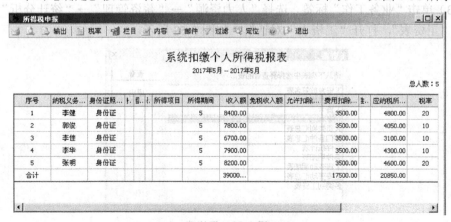

图 6-55　所得税申报

（4）单击【确定】按钮，打开“个人所得税申报——税率表”，如图 6-56 所示。

系统扣缴个人所得税报表

2017年5月 -- 2017年5月

总人数：5

序号	纳税义务…	身份证照…	】.	国..	ł.	所得项目	所得期间	收入额	免税收入额	允许扣除…	费用扣除…	生..	应纳税所…	税率
1	李健	身份证					5	8400.00			3500.00		4800.00	20
2	郭俊	身份证					5	7800.00			3500.00		4050.00	10
3	李佳	身份证					5	6700.00			3500.00		3100.00	10
4	李华	身份证					5	7900.00			3500.00		4300.00	10
5	张明	身份证					5	8200.00			3500.00		4600.00	20
合计								39000...			17500.00		20850.00	

图 6-56　系统扣缴所得税报表

（5）单击【税率】按钮，弹出"个人所得税申报表——税率表"，如图 6-57 所示。

图 6-57 "个人所得税申报表——税率表"

（6）单击【取消】和【退出】按钮。

6.4.3 统计分析

薪资处理后系统可以提交许多报表，本案例查询"部门汇总"，以示 e-HRMS 平台工作的方法。

1. 实发工资统计分析

操作步骤：

（1）单击"业务工作"标签，选择"人力资源"→"薪资管理"→"工资类别"，打开"工资类别"对话框。

（2）选择"在职人员"和"001-实发工资"。

（3）单击"业务工作"标签，选择"人力资源"→"薪资管理"→"统计分析"→"账表"→"工资表"，打开"工资表"对话框，如图 6-58 所示。

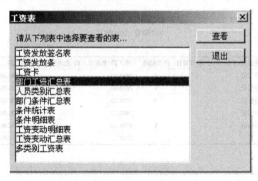

图 6-58 工资表

（4）选中"部门工资汇总表"，单击【查看】按钮，弹出"部门工资汇总表"对话框。
（5）选中"销售部"，单击【确定】按钮，如图 6-59 所示。
（6）单击【确定】按钮，选中"一级部门和二级部门"，如图 6-60 所示。

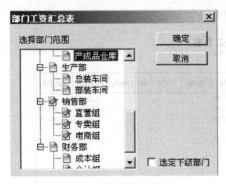

图 6-59　部门工资汇总表

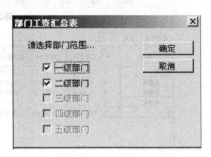

图 6-60　选中部门级别

（7）单击【确定】按钮，打开"部门工资汇总表"，如图 6-61 所示。

图 6-61　实发工资部门汇总表

2．奖金统计分析

操作步骤：

（1）单击"业务工作"标签，选择"人力资源"→"薪资管理"→"工资类别"，打开"工资类别"对话框。

（2）选择"在职人员"和"002-奖金"。

（3）单击"业务工作"标签，选择"人力资源"→"薪资管理"→"统计分析"→"账表"→"工资表"，打开"工资表"对话框，如图 6-58 所示。

（4）选中"部门工资汇总表"，单击【查看】按钮，弹出"部门工资汇总表"对话框。

(5) 选中"销售部",单击【确定】按钮,如图 6-59 所示。
(6) 单击【确定】按钮,选中"一级部门和二级部门",如图 6-60 所示。
(7) 单击【确定】按钮,打开"部门工资汇总表",如图 6-62 所示。

图 6-62　奖金部门工资汇总表

 练习题

按表 6-13 中的工资项目,手工编制《员工月度实发工资》表。
基本资料如下:
（1）每月计薪天数 =（365 天-104 天）/ 12 月=21.75 天,按全勤奖规则:月全勤,每天奖金为 20 元,计算全勤奖;
（2）代扣养老保险 8%,计算养老保险;
（3）代扣个人所得税:个人所得税=应纳税所得额×适用税率-速算扣除数（参考系统图 6-57"个人所得税申报表——税率表"）,计算个人所得税;
（4）最后计算实发工资。

表 6-13　员工月度工资表

员工名称	技术人员	基础工资/元	生活补贴	出勤天数	全勤奖	养老保险	个人所得税	实发工资
王伟	高级工程师	4 500	500	22				
李铭	中级工程师	4 000	500	20				
赵军	助理工程师	3 500	400	21				
刘敏	实习工程师	3 000	350	22				

 **思考题**

1. 薪酬管理包括哪些内容?
2. 简述 e-HRMS 的薪酬管理模式。
3. 简述薪酬管理模式的工作原理。
4. 薪酬管理系统有哪些设置?
5. 简述月实发工资处理的过程。
6. 总结薪酬管理技能。
7. 薪资处理需要哪些基本资料?
8. 简述薪酬管理参数。

第 7 章

考勤管理

学习目标

- 了解考勤管理的概念和内容
- 理解考勤管理信息模型
- 掌握考勤管理的实务

学习技能

- 学会考勤管理系统构建的基本技能
- 学会考勤管理信息系统平台作业的基本技能
- 掌握考勤数据处理的基本技能
- 掌握一个完整的考勤数据处理过程的基本技能

7.1 背景知识

7.1.1 考勤管理概述

严格地说考勤管理是薪酬管理的一部分，它是一个规则，一个承诺，一个基于"微观活动"的过程管理。在信息时代这些微观活动已经被"数字化"和"信息化"融合为一门现代的企业管理技术。

考勤管理通过设计考勤项目与考勤制度及约束条件来统一和规范企业员工的工作态度

与行为，从而达到提升员工业绩和企业效益的目的。

对于大多数员工严格遵守"不迟到、不早退、不旷工"的纪律，建立良好的出勤记录，对于那些个别迟到、早退、旷工的员工，予以不良的记录。

通过考勤方法与制度杜绝"走后门、不公平、老实人吃亏、滑头占便宜"等一些影响多数员工积极性和利益的行为发生。

通过采用对"实际行动"微观活动的管理，用"人性化"的工作作风创建良好的企业文化。

7.1.2 考勤管理的内容

考勤管理的内容主要包括考勤制度、排班管理、日常业务、考勤处理、考勤报表、统计分析。考勤管理的原则是采用考勤制度约束员工的工作行为。例如，通过"排班计划"，即预先安排好员工的工作日程；通过日常业务，记录员工的实际工作情况；通过考勤处理，适用的考勤计算方法，将员工的"排班计划"与"实际出勤情况"进行比较，获得员工实际的考勤数据后，进行报表、统计分析。如果企业实施考勤管理与薪酬管理挂钩的话，可以将实际的考勤数据自动地传送给"薪酬体系"的"基本工资"模块参与工资计算。这一功能的实现，对于一些上班纪律要求严格的企业，是非常有用的。

考勤制度。包括考勤项目、制度、对象、方法、时间等，是规则与数据之间的逻辑关系。

排班管理。它是对员工未来一段时间是否能够来上班的管理，称为"排班计划"，或"排班单"，是考勤管理的依据。

日常业务。它是对"排班单"后，可能会出现的情况，如请假、休假、加班的登记与管理。

考勤处理。它是将员工的"排班单"和"实际考勤情况"进行比较，分析有没有旷工、迟到、早退等异常的情况发生。

考勤报表。一般在系统里有各类考勤报表。企业常用的有考勤日报表和统计汇总报表。它们提供了员工考勤的明细，或一些宏观的、汇总的信息。

统计分析。这里的统计分析包括企业高层领导者宏观的、分类的和社会通用形式的管理报表。

7.2 考勤管理系统

考勤管理系统应用平台是可以与薪酬管理系统中的"实发工资变动"模块无缝连接的。由于考勤管理涉及企业员工的工作行为记录，因此该信息如果通过人工采集会有一定难度。

早期的考勤办法是采用"考勤卡"的记录形式。但是，因为纸质的考勤卡是可以随意修改，很容易出现信息不准确的问题；后又采用"考勤机"的记录方式，然而仅靠考勤机的原始记录，与考勤制度和约束条件无联系，又有二次数据处理的问题……总之，这些林林总总的问题，使得考勤管理工作举步艰难。

然而，随着市场经济的兴起，企业大型化、规模化发展，员工数量急剧增加。在这种情况下单靠人工来处理员工的考勤数据，不但显得力不从心，而且极容易出错。

采用考勤管理系统代替人工的排班处理，记录"请假、加班、休假、迟到、早退、旷工"等一系列的活动信息。这样就大大地减轻了数据采集的工作量，而且用系统规范考勤制度、处理考勤信息，既及时又准确。它不仅可以帮助企业逐步完善薪酬体系的建设，还能提升员工对企业的信誉。因此，目前不少企业开始采用考勤管理系统，提高工作效率，提升管理水平。

7.2.1 考勤管理模式

图 7-1 为考勤管理模式，描绘了考勤管理的业务流程、参与部门、信息工具（e-HRMS 模块）及其相互关系。

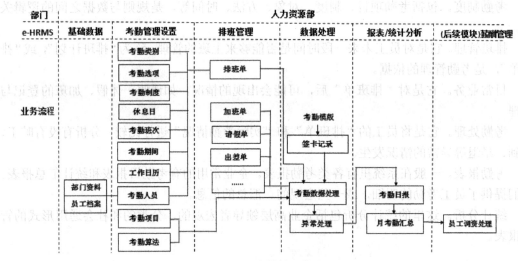

图 7-1 考勤管理模式

（1）部门。典型案例涉及人力资源部门，同时还有集中式的考勤管理思路。

（2）e-HRMS。包括基础数据、考勤管理设置、排班管理、数据处理、报表及统计分析多个功能模块。

（3）业务流程。表示在 e-HRMS 基础数据的支撑下，考勤管理系统中的管理设置、排班管理、数据处理、报表及统计分析以及结果数据后续的模块。其中：

① 基础数据。e-HRMS 系统共用的数据，有部门资料和员工档案。

② 考勤管理设置。是考勤管理常用的数据，有考勤类别，例如：请假、休假、加班各类情况的定义；考勤制度、考勤的时间范围；加班与抵扣；采用考勤卡还是考勤机；出差的时间定义及考勤算法。还需考虑在考勤时间范围内的公休日期与节假日的情况；每日的工作时间规定及对迟到早退的时间定义；考勤期间是年或月的定义；考勤对象的设定。

③ 排班管理。排班是为每一个员工编制好"工作计划"，称为"排班单"，以便于结束员工的上班行为，如果员工在排班期间有请假、加班、出差的情况，需要提前登记。

④ 数据处理。由于考勤的数据是多方位的，有正常班、请假、休假、加班、假日等多项记录，因此需要将"排班单"和实际考勤情况进行对比，如果有异常，则可能有旷工与迟到情况，需要加以管理。

⑤ 报表与统计分析。在考勤管理中，常用到"日考勤"和"月考勤汇总"的信息，"日考勤"可以帮助"一线"的管理者们跟踪员工当前的工作状态，帮助部门级的团队协调人力资源；"月考勤汇总"信息可以帮助高层管理者们分析人力资源的整体状态，调整员工未来的工作计划。

考勤管理模式的工作原理

图 7-1 为考勤管理模式的设置，参数是比较多的，要理解这些设置，还需积累大量的考勤管理的知识和工作经验。好在 e-HRMS 考勤管理系统已经帮我们完成了这些经验的积累，都包括在系统默认或设置中。

（1）考勤管理设置。在一个企业初建考勤管理信息系统的时候，首先要根据企业的管理需求设计好考勤管理的基本参数。回答考勤什么，即考勤项目类别的设置；如何考勤，即考勤制度的设置；什么时候考勤，即考勤期间的设置；谁参加考勤，即考勤员工的设置；还有考勤计算方法的设置，即如何处理考勤数据。

（2）排班管理。在考勤工作之前，要做好"排班单"，安排好员工未来的工作任务。"排班单"的基础资料有工作日历，对员工考勤的时间范围。还有员工的资料，在考勤管理中已经设置好了。

（3）日常业务。在执行"排班单"过程中，员工难免会遇到加班、请假、调休等情况，需要提前登记这些信息。

（4）数据处理。考勤数据处理是将"排班单"与"实际考勤记录"进行比较，还需考虑"日常业务"中的加班、请假、调休等情况，从而计算出员工真实的考勤数据。

（5）异常处理。这里的异常一般是指旷工、迟到、早退的违纪情况。

（6）报表与统计分析。它们是考勤数据处理后的结果，提供给考勤管理的数据。

（7）薪酬管理。如果企业推行考勤管理与薪酬管理挂钩，则考勤管理系统中的"考勤数据结果"可以传输到薪酬管理系统的"员工调资处理"模块中去，参与员工的工资计算，员工真实的考勤数据会影响员工的实际工资发放。

7.2.2 典型案例

1. 案例描述

考勤管理案例：销售部门直营组。表 7-1 是 ABC 公司销售部门直营组参加考勤的员工资料。考勤期间为 2016 年 2 月份。

表 7-1 ABC 公司员工考勤资料

员工编码	员工名称	人员类别	审核通过	部门	岗位	审核标志
000000001	李健	正式工	通过	直营组	销售经理	未审核
0026	李华	正式工	通过	直营组	销售业务员	审核
0027	张明	正式工	通过	直营组	销售业务员	审核

其中，员工"李华"的考勤信息情况如下：
- 2016 年 2 月 1 日，有排班，但是没有刷卡，按旷工处理；
- 2016 年 2 月 1 日，安排了出差 8 小时，时间为 8:30～17:30；
- 2016 年 2 月 18 日、19 日，申请请假 2 天；
- 2016 年 2 月 21 日，安排周日加班 8 小时，时间为 8:30～17:00；
- 2016 年 2 月 22 日，迟到 2 小时，时间为 8:30～10:30。

2. 工作任务

基于考勤管理系统的信息处理过程，完成以下 4 个学习任务和技能：

任务 1：考勤系统设置；

任务 2：排班处理和日常业务；

任务 3：考勤数据处理；

任务 4：考勤报表与统计分析。

7.2.3 解决方案

按照图 7-1 考勤管理模式，考勤管理信息系统应该支持以下 5 个方面工作。

（1）考勤管理系统设置；

（2）员工排班单管理；

（3）考勤日常业务处理；

（4）考勤数据处理；

（5）考勤报表与统计分析。

7.3 考勤管理实务准备

7.3.1 工作环境

（1）修改 XP Windows 桌面上的系统日历为：2017.5.23；
（2）导入[333] e-HRMS 实验五账套；
（3）以用户 1000，李想的身份，登录 ABC 公司的 e-HRMS 平台。

7.3.2 工作内容

（1）考勤管理的基本设置；
（2）考勤排班管理；
（3）考勤日常业务；
（4）考勤数据处理；
（5）考勤常用报表。

7.3.3 工作资料

（1）表 7-2 考勤类别资料；
（2）表 7-3 2016 年法定节假日资料；
（3）表 7-4 2016 年春节调整公休日资料。

7.4 考勤管理实务

图 7-2 为考勤管理平台作业流程。

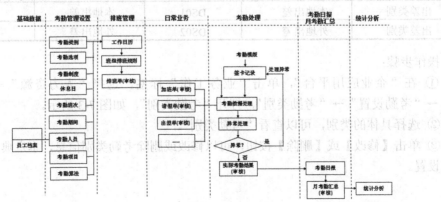

图 7-2 考勤管理平台作业流程

7.4.1 参数设置

1. 考勤管理系统设置

（1）考勤类别设置。

表 7-2 考勤类别资料

考勤类别	类别名称	类别编码	类别名称	备 注
班次类别	白班	AS00	白班	
班次类别	夜班	AS01	夜班	
请假类别	事假	BS00	事假	
请假类别	病假	BS01	病假	
请假类别	调休	BS02	调休	
请假类别	欠班	BS03	欠班	
请假类别	年假	BS04	年假	
请假类别	产假	BS05	产假	
请假类别	婚假	BS06	婚假	
请假类别	探亲假	BS07	探亲假	
请假类别	丧假	BS08	丧假	
请假类别	工伤假	BS09	工伤假	
请假类别	哺乳假	BS10	哺乳假	
请假类别	公假	BS11	公假	
请假类别	护理假	BS12	护理假	
加班类别	工作日加班	CS01	工作日加班	
加班类别	休息日加班	CS02	休息日加班	
加班类别	节假日加班	CS03	节假日加班	
出差类别	本地出差	DS01	本地出差	
出差类别	外地出差	DS02	外地出差	

操作步骤：

① 在"企业应用平台"，单击"业务工作"标签，选择"人力资源"→"考勤管理"→"考勤设置"→"考勤类别"，打开"考勤类别"，如图 7-3 所示。

② 选择具体的类别，可以查看"考勤类别"。

③ 单击【修改】或【删除】按钮，可以修改或删除考勤类别信息，本章典型案例默认系统设置。

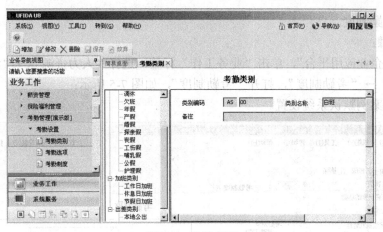

图 7-3 考勤类别

（2）考勤选项。考勤选项设置是针对影响考勤管理各模块的基础数据的设置。

操作步骤：

① 单击"业务工作"标签，选择"人力资源"→"考勤管理"→"考勤设置"→"考勤选项"，弹出"考勤选项"设置。

② 它包括考勤制度、考勤时间、加班、加班抵扣、抵当日加班、签卡、出差、考勤计算，共 8 个页签。

③ 单击【编辑】按钮，去掉"综合计算工时制"，选中"工作日历"复选框；单击【确定】后，单击【取消】按钮，如图 7-4 所示。

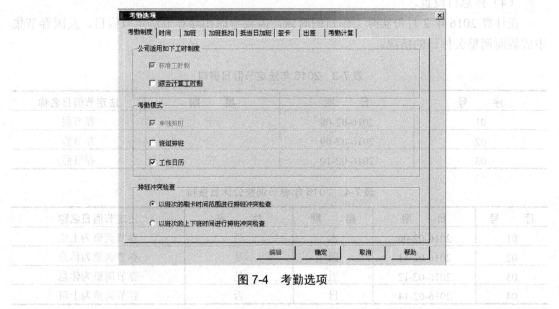

图 7-4 考勤选项

(3) 考勤制度。

操作步骤：

① 在"企业应用平台"，单击"业务工作"标签，选择"人力资源"→"考勤管理"→"考勤设置"→"考勤制度"，打开"考勤制度"，如图 7-5 所示；

② 典型案例默认系统设置。

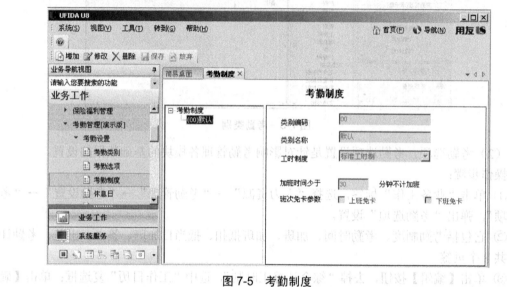

图 7-5 考勤制度

(4) 休息日设置。

在计算 2016 年 2 月份实际工作日的时候，需要考虑扣除春节法定节假日，及因春节集中放假而调整公休日的情况。

表 7-3 2016 年法定节假日资料

序 号	日 期	星 期	法定节假日名称
01	2016-02-08	一	春节假
02	2016-02-09	二	春节假
03	2016-02-10	三	春节假

表 7-4 2016 年春节调整公休日资料

序 号	日 期	星 期	休 息	法定节假日名称
01	2016-02-06	六	否	春节调整为上班
02	2016-02-11	四	是	春节调整为休息
03	2016-02-12	五	是	春节调整为休息
04	2016-02-14	日	否	春节调整为上班

操作步骤：

① 在"企业应用平台"，单击"业务工作"标签，选择"人力资源"→"考勤管理"→"考勤设置"→"休息日"，打开"休息日"。

② 选中"年度：2016；休息日方案：中国大陆地区"；单击【修改】按钮。

③ 在"法定节假日"文字框旁，单击【增加】按钮，输入表 7-3 资料。

④ 在"公休日调整"文字框旁，单击【增加】按钮，输入表 7-4 资料，如图 7-6 所示。

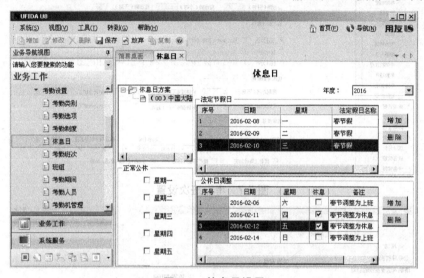

图 7-6　休息日设置

⑤ 单击【保存】按钮。

（5）考勤班次。

考勤班次主要设置的是考勤规则。例如，白天正常班的考勤刷卡有效时间规定：工作日 8:00 开始到 17:30 截止，8 小时内有效；迟到与早退均不能超过 30 分钟。

操作步骤：

① 单击"业务工作"标签，选择"人力资源"→"考勤管理"→"考勤设置"→"考勤班次"，打开"考勤班次"。

② 单击【修改】按钮，修改"扣休息（分）：60 分"，如图 7-7 所示。

③ 单击【保存】，应出勤（小时）系统修改为 8:00。

（6）考勤期间。

操作步骤：

① 单击"业务工作"标签，选择"人力资源"→"考勤管理"→"考勤设置"→"考勤期间"，打开"考勤期间"。

② 单击【增加】按钮，弹出"考勤期间设置"对话框，输入"考勤年度"和"期间个

数",如图7-8所示,单击【确定】按钮。

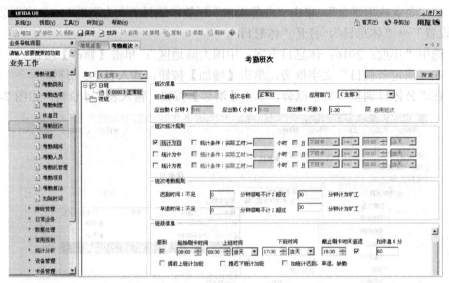

图 7-7 考勤班次设置

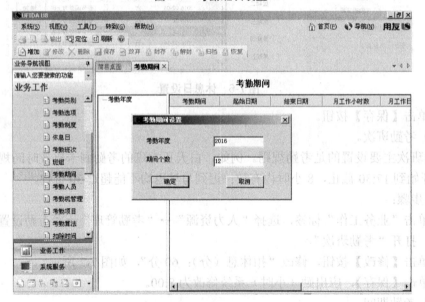

图 7-8 考勤期间设置

③ 设定考勤期间,输入"起始日期"和"结束日期",如图7-9所示。
④ 单击【保存】按钮。

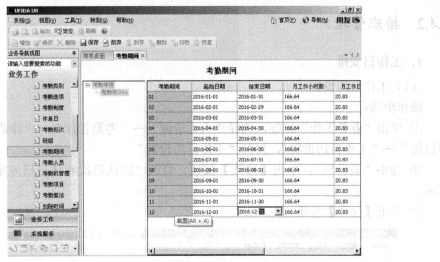

图 7-9 设定考勤期间

（7）考勤人员设置。

操作步骤：

① 单击"业务工作"标签，选择"人力资源"→"考勤管理"→"考勤设置"→"考勤人员"，打开"考勤人员"。

② 选中"销售部直营组"，显示"考勤人员"，拉动滚动条出现"排班方式"。

③ 单击【修改】，修改"排班方式：工作日历排班"，如图 7-10 所示。

④ 单击【保存】按钮。

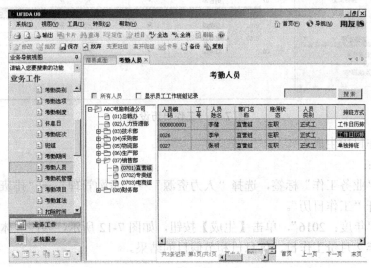

图 7-10 设置考勤人员

7.4.2 排班管理

1. 工作日安排

（1）工作日历设置。

操作步骤：

① 单击"业务工作"标签，选择"人力资源"→"考勤管理"→"排班管理"→"工作日历"→"工作日历设置"，打开"工作日历设置"。

② 选中"直营组"，单击【修改】按钮，修改"默认班次和休息日方案"，如图 7-11 所示。

③ 单击【保存】按钮。

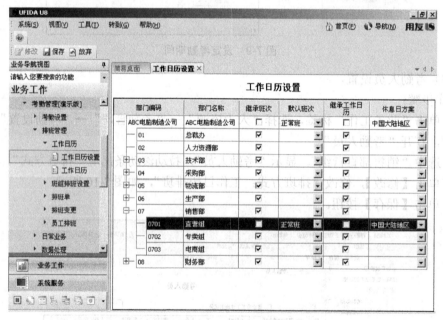

图 7-11 工作日历设置

（2）工作日历生成。

操作步骤：

① 单击"业务工作"标签，选择"人力资源"→"考勤管理"→"排班管理"→"工作日历"，打开"工作日历"。

② 输入"年度：2016"，单击【生成】按钮，如图 7-12 所示，参照"休息日方案"计算出 2016 年 2 月份工作日、休息日和节假日的结果。

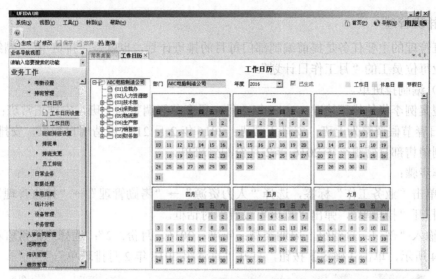

图 7-12　工作日历生成

(3) 排班规则设置。

操作步骤：

① 单击"业务工作"标签，选择"人力资源"→"考勤管理"→"排班管理"→"班组排班设置"→"班组排班规则"，打开"班组排班规则"。

② 典型案例默认规则，如图 7-13 所示。

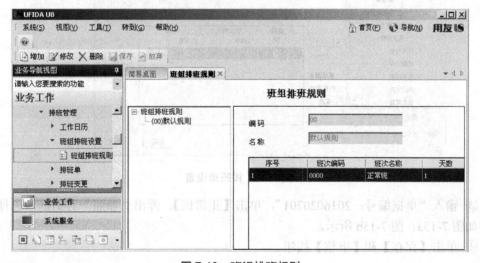

图 7-13　班组排班规则

2. 排班管理

排班管理的主要任务是提前编制部门每月的排班计划，也就是"排班单"。精细管理是做好企业每位员工的"月工作日计划"。

（1）编制排班单。

典型案例李华的排班情况：2016 年 2 月 6 日春节假调整为上班，安排正常班；2016 年 2 月 14 日春节假调整为上班，安排正常班；2016 年 2 月 21 日申请周日加班，安排正常班。

编制销售部直营组李华 2016 年 2 月份的排班单。

操作步骤：

① 单击"业务工作"标签，选择"人力资源"→"考勤管理"→"排班管理"→"排班单"，打开"排班单"，弹出"排班单设置"对话框。

② 输入"部门：直营组，周期类型：年度：2016，月份：2"；选择"正常班和休息"，如图 7-14 所示，单击【确定】按钮，打开"直营组 2016 年 2 月排班单"。

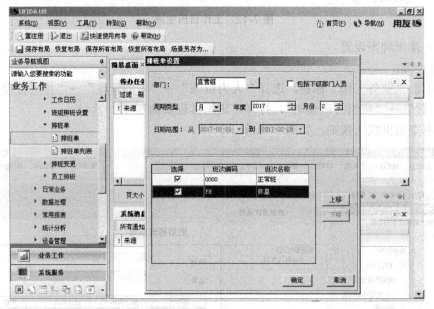

图 7-14 排班单设置

③ 输入"单据编号：2016020701"，单击【正常班】，弹出"参照"对话框，选择：李华，如图 7-15a、图 7-15b 所示。

④ 单击【保存】和【审核】按钮。

第 7 章 考勤管理 165

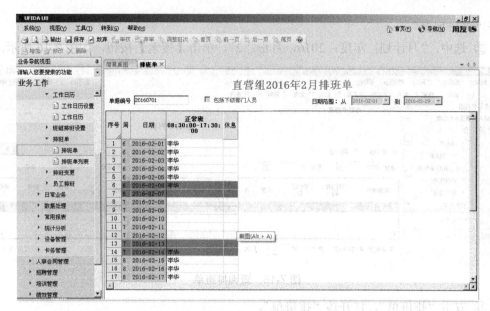

图 7-15a 排班单

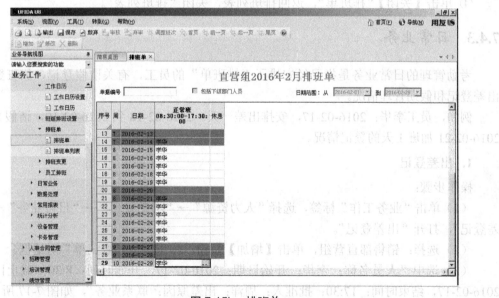

图 7-15b 排班单

(2) 查询排班单。

操作步骤：

① 单击"业务工作"标签，选择"人力资源"→"考勤管理"→"排班管理"→"排班单"→"排班单列表"，弹出"查询条件选择——排班单列表查询条件"，直接"确定"，

打开"排班列表"。

②选中:"月计划;年度:2016,月份:2",单击【搜索】按钮,如图 7-16 所示。

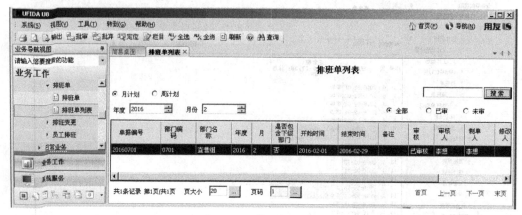

图 7-16 查询排班单

③双击"排班单",打开该"排班单"。
④单击【关闭】"排班单",返回排班列表,关闭"排班列表"。

7.4.3 日常业务

考勤管理的日常业务是指已经安排了"排班单"的员工,有关请假登记、加班登记、出差登记和假期管理情况。

例如,员工李华:2016-02-17,安排出差一天;2016-02-18 到 2016-02-19,请假 2 天;2016-02-21 加班 1 天的登记情况。

1. 出差登记

操作步骤:

(1)单击"业务工作"标签,选择"人力资源"→"考勤管理"→"日常业务"→"出差登记",打开"出差登记"。

(2)选择:销售部直营组,单击【增加】按钮,弹出"出差登记单"对话框。

(3)选中"人员名称:李华;开始日期:2016-02-17,开始时间:8:30;截止日期:2016-02-17,结束时间:17:30;批准人:周洋;出差原因:联系业务",如图 7-17 所示。

(4)单击【确定】后,再按【取消】按钮,返回"出差登记"。

(5)修改"2016-02-17—2016-02-17",单击【显示】,显示"出差单"。

(6)单击【审核】,如图 7-18 所示,单击"是",审核"出差单"。

第 7 章 考勤管理 167

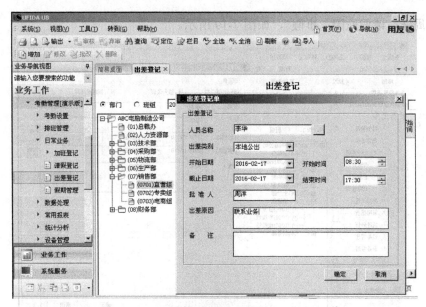

图 7-17 登记出差单

图 7-18 审核出差单

2．请假登记

操作步骤：

（1）单击"业务工作"标签，选择"人力资源"→"考勤管理"→"日常业务"→"请假登记"，打开"请假登记"。

（2）选择"销售部直营组"，单击【增加】按钮，弹出"请假单"对话框。

（3）选中"整天请假；姓名：李华；开始日期：2016-02-18，结束日期：2016-02-19；

批准人：周洋；请假原因：事假"，如图 7-19 所示。

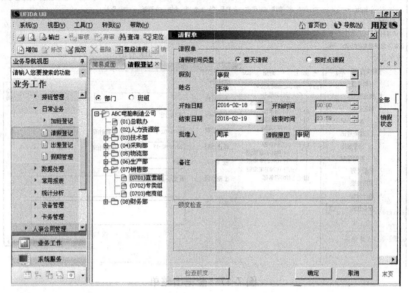

图 7-19　登记请假单

(4) 单击【确定】和【取消】按钮，返回"请假登记"。
(5) 修改"2016-02-18—2016-02-19"，单击【显示】，显示"请假单"。
(6) 单击【审核】按钮，如图 7-20 所示，单击"是"，审核"请假单"。

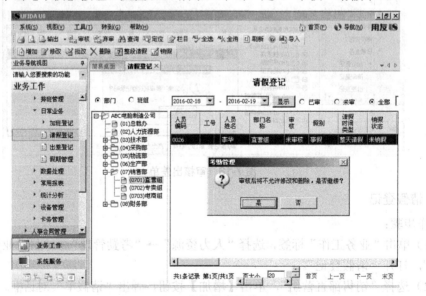

图 7-20　审核请假单

3．加班登记

操作步骤：

（1）单击"业务工作"标签，选择"人力资源"→"考勤管理"→"日常业务"→"加班登记"→"加班单"，打开"加班单"。

（2）输入"部门：直营组；加班原因：工作需要；加班类别：休息日加班；计算方法：根据打卡时间计算，并与计划加班时间比较取最小值；批准人：周洋；加班日期：2016-02-21；加班开始时间：8:30；加班结束时间：16:30"。

（3）单击"增行"按钮，双击"姓名"，选择"李华"，如图7-21所示。

（4）单击【保存】和【审核】按钮。

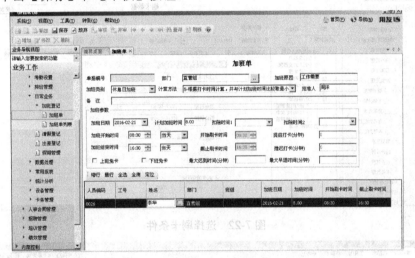

图 7-21 登记加班单

7.4.4 考勤数据处理

考核数据处理是员工的排班单与实际出勤情况（签卡记录或者打卡记录）进行比较与计算。在计算中，还需要参考员工的出差单、请假单、加班单的情况，得到员工的签卡情况。

1．签卡数据处理

（1）获取员工的签卡模板。

签卡考勤的使用是每月初先获取每一位员工的签卡模板，然后每天考勤时，在系统上做签卡记录。

操作步骤：

① 单击"业务工作"标签，选择"人力资源"→"考勤管理"→"数据处理"→"刷

卡数据",打开"刷卡数据"。

② 选中"刷卡数据,考勤期间:2016-2",单击【签卡】按钮,弹出"签卡"对话框。

③ 输入"人员姓名:李华;起始时间:2016-02-01;截止时间:2016-02-29",如图7-22所示。

④ 单击【确定】和【取消】;返回"刷卡数据",显示李华2016年2月份的签卡模板的数据,如图7-23a、图7-23b所示。

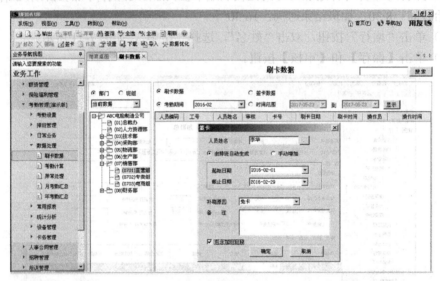

图 7-22 选择刷卡条件

图 7-23a 签卡数据

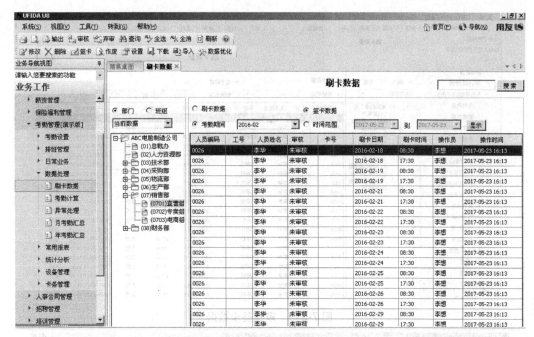

图 7-23b 签卡数据

（2）员工签卡记录。例如，案例李华的签卡记录有：

- 2016-02-01 旷工 1 天，应无记录，删去 2016-02-01 的记录。
- 2016-02-17 安排工作日出差 1 天，算签卡。
- 2016-02-18 至 2016-02-19 请假 2 天，应无记录，删去这两天的记录。
- 2016-02-21 安排加班一天，已签卡。
- 2016-02-22 签卡晚 2 个小时，修改 2016-02-22 上班刷卡时间为 10:30。

李华的实际签卡情况，应该是删除 2016-02-01，2016-02-18，2016-02-19 记录，修改 2016-02-22 上班时间为 10:30。

（3）审核签卡数据。检查了李华的签卡情况后，便要求审核这些数据了。

操作步骤：

① 单击"业务工作"标签，选择"人力资源"→"考勤管理"→"数据处理"→"刷卡数据"，打开"刷卡数据"。

② 选中"刷卡数据，考勤期间：2016-2"，单击【显示】，显示李华的签卡数据。

③ 单击【全选】，或按 Ctrl+A，选择"当页所有记录"，单击【审核】按钮。

④ 单击【下一页】和【全选】按钮，单击【审核】，李华的签卡数据全部审核完成，如图 7-24a、图 7-24b 所示。

图 7-24a 审核签卡数据

图 7-24b 审核签卡数据

2. 考勤数据处理

排班单与签卡数据进行比较运算，如果有异常，需要分析处理。

(1) 考勤数据计算。

操作步骤：

① 单击"业务工作"标签，选择"人力资源"→"考勤管理"→"数据处理"→"考勤计算"，弹出"考勤计算"对话框。

② 输入"姓名：李华；日期范围：从 2016-02-01 到 2016-02-29"，如图 7-25 所示。

③ 单击【确定】后，系统"后台"进行计算，当弹出"日计算结果成功"对话框，单击【确定】，返回"考勤计算"对话框。

④ 单击【取消】按钮。

(2) 异常处理。考勤数据计算完成后，查询是否有异常记录。

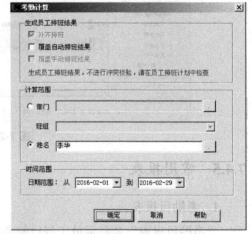

图 7-25　考勤计算

操作步骤：

① 单击"业务工作"标签，选择"人力资源"→"考勤管理"→"数据处理"→"异常处理"，弹出"异常查询"对话框。

② 选中"姓名：李华；日期范围：从"2016-02-01 到 2016-02-29；当前数据"，单击【确定】，打开"异常处理"，如图 7-26a 所示。

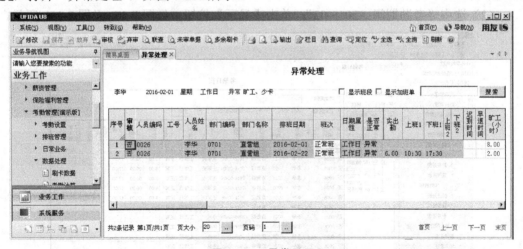

图 7-26a　异常显示

异常解释：2016-01-01 日有排班，但是未签卡，系统解释为：旷工 8 小时；2016-02-22 日 10:30 签卡，系统解释为旷工 2 小时。

③ 逐一【审核】，确认异常。如图 7-26b 所示。

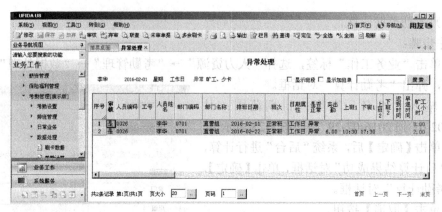

图 7-26b 审核异常

7.4.5 常用报表

1. 考勤日报表

"考勤日报表"是显示员工每日的考勤明细。

操作步骤：

（1）单击"业务工作"标签，选择"人力资源"→"考勤管理"→"常用报表"→"考勤日报"，打开"考勤日报"。

（2）选中"考勤期间：2016-02"，单击【显示】按钮，如图 7-27a 及图 7-27b 所示。

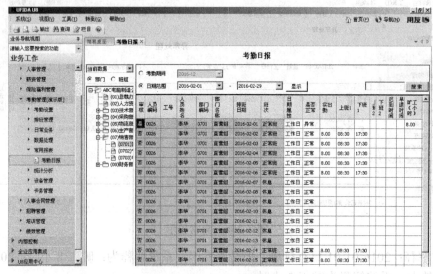

图 7-27a 员工考勤日报

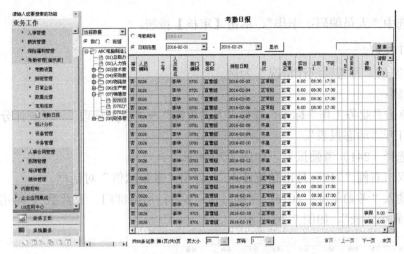

图 7-27b　员工考勤日报

在"员工考勤日报"报表中，清晰地计算出了员工李华 2016 年 2 月份的考勤情况：
- 2016 年 2 月 1 日，有排班，但是没有刷卡，按旷工 8 小时处理。
- 2016 年 2 月 18 日、19 日，请事假 2 天，各 8 小时。
- 2016 年 2 月 22 日，记旷工 2 小时。

2．月考勤汇总

将员工的月考勤明细进行月汇总分析。

操作步骤：

（1）单击"业务工作"标签，选择"人力资源"→"考勤管理"→"数据处理"→"月考勤汇总"，打开"月考勤汇总"。

（2）选中"部门：销售部直营组；考勤期间：2016-02"，单击【汇总】按钮，系统后台汇总处理后，显示月汇总数据，如图 7-28 所示。

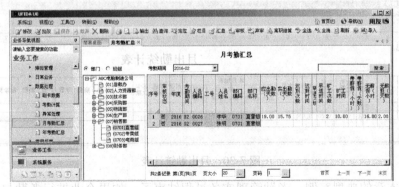

图 7-28　月考勤汇总

(3)选中"人员编码:李华",单击【审核】按钮。

3. 统计分析

以本章案例"月考勤统计情况"为例。

操作步骤:

(1)单击"业务工作"标签,选择"人力资源"→"考勤管理"→"统计分析"→"动态报表",打开"动态报表"。

(2)选择(241)考勤报表,如图7-29所示。

(3)双击右侧"710 月出勤统计表",弹出"参数赋值"对话框。

(4)输入"考勤年度:2016;考勤月份:2月;所属部门:直营组",单击 【确定】,打开"月出勤统计表",如图7-30所示。

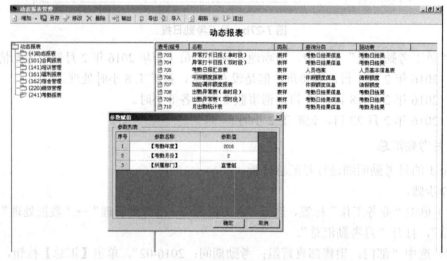

图 7-29 选择动态报表

图 7-30 月出勤统计表

到此,本章的典型案例:考勤管理实务过程结束了。如果企业推行考勤与薪酬管理挂钩的话,这里的旷工数据,是可以与薪资管理模块链接的。

 练习题

按照本章员工李华的考勤流程,尝试做张明的考勤情况。例如,2016-02-06,请假 1 天;2016-02-20,加班 1 天。

实例的操作流程:
1. 编制张明的排班单;
2. 登记请假单、登记加班单;
3. 修正签卡数据;
4. 进行考勤数据处理;
5. 查询"考勤异常";
6. 查询"考勤日报";
7. 截图"月考勤汇总"李华、张明的考勤数据。

 思考题

1. 考勤管理系统包括哪些内容?
2. 考勤管理包括哪些内容?
3. 简述考勤管理的业务流程。
4. 考勤管理用到了哪些工作资料?
5. 考勤"排班单"的意义是什么?
6. 考勤签卡的数据意义是什么?
7. 异常处理是做什么的?
8. "考勤日报"与"月考勤汇总"信息有哪些区别?

第 8 章

绩效管理

学习目标

- □ 了解绩效管理的概念和内容
- □ 理解绩效管理信息模型
- □ 掌握绩效管理的实务

学习技能

- □ 学会绩效管理系统构建的基本技能
- □ 学会绩效管理信息系统平台作业的基本技能
- □ 掌握绩效考核计划制订的基本技能
- □ 掌握绩效考核实施的基本技能
- □ 掌握绩效考核计划数据采集与处理的基本技能

8.1 背景知识

8.1.1 绩效管理概述

所谓绩效管理,是指各级管理者和员工为了达到组织目标而共同参与的绩效计划制定、绩效辅导沟通、绩效考核评价、绩效结果应用、绩效目标提升的持续循环过程。绩效管理的目的是持续提升个人、部门和组织的绩效。

绩效考核也称成绩或成果测评，绩效考核是企业为了实现生产经营目的，运用特定的标准和指标，采取科学的方法，对承担生产经营过程及结果的各级管理人员完成指定任务的工作业绩和由此带来的诸多效果做出价值判断的过程。

8.1.2 绩效管理内容

绩效管理的内容，按绩效管理流程主要有绩效考核计划的制定，简称考核计划；绩效考核计划的实施，简称绩效考评；绩效考核计划的数据处理结果，简称绩效结果；绩效考核结果的反馈，简称绩效反馈；绩效结果的运用，共5个环节构成。

考核计划包括工作岗位、评价分类及权重、评价指标及权重、考评人关系及权重、参评人员等的设计，还有考评期间的规定及数据处理的逻辑关系。

绩效考评包括"量表"的设计、评价人评分、考评得分及如何组织获取"量表"的数据。

绩效结果包括"量表"数据的计算与排名、数据的分析及如何选择安全的途径发布绩效结果。

绩效反馈包括设计多途径的沟通方式。例如，绩效结果反馈途径、申诉途径、面谈途径与关键事件处理途径。

绩效结果的运用可以连接到人力资源管理的多个环节。例如，薪酬管理、培训管理、人事管理中的员工晋升与调配。

8.2 绩效管理系统

作为绩效管理系统，不仅支持一个完整的绩效考核计划、绩效考评、绩效结果和绩效反馈信息管理的过程，还可以与薪酬管理、培训管理、人事管理系统无缝连接。在从传统管理模式跨入 e-HRMS 中，涉及大量绩效管理资料信息化和量化的处理。例如，考评资料的筛选、考核评分处理、"互联网"上"背靠背"考评的可行性、多部门评价数据的一致性、考评计算方法等，这些绩效管理中常见的问题。

从能力上而言，e-HRMS 可以从问题出发：明确企业和个人的工作目标、业绩、能力、技能等，标准的业务流程，唯一的、有序的平台作业，有效地解决上述问题，从而用"简单的数据，替代复杂的管理"，达到"一两拨千斤"的效果。

8.2.1 绩效管理模式

1. 绩效管理模式

图 8-1 为绩效管理模式，描绘了绩效管理的业务流程、参与部门与人员、信息工具（e-HRMS

的浏览器模块,本文称为 e-浏览器) 3 个方面。

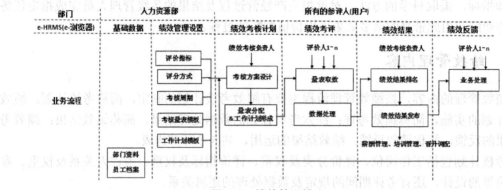

图 8-1 绩效管理模式

(1) 部门。典型案例涉及人力资源部门以及所有的参加考评和被考评的人员,简称考评人员,要特别强调,绩效管理工作是在人力资源部门的组织与领导下进行的。

(2) e-HRMS (e-浏览器)。包括绩效管理的基础数据与约束条件的设置、绩效考核计划、绩效考评、绩效结果和绩效反馈多个功能模块。

(3) 业务流程。是在 e-HRMS 基础数据的支撑下,绩效管理系统的绩效管理设置、绩效考核计划、绩效考核计划实施、绩效结果、绩效反馈模块的工作顺序。其中:

① 基础数据。绩效管理与 e-HRMS 系统共用员工档案和部门资料信息。绩效管理系统可以通过 e-浏览器共享该资源。

② 绩效管理设置。在绩效管理中有很多数据与资料及管理约束条件是通过设置实现的。例如,指标评分、评分方式、考核期间、考核量表的模板和考核工作模板等。

③ 考核计划。绩效考核计划的制订,在企业里可谓是一个巨大的"工程"。首先管理者们与员工达成相同的工作目标、指标、期间、考核对象、权重、评分方式等,再制订考核计划,同时设计好考核计划评分的信息载体,如"量表"、模版等。

④ 绩效考评。绩效考评是考核计划工作的重点,由于参加考评的人员众多,因此采集与处理考评数据的工作量是非常大的。假设我们采用传统的书面形式,设计表格、发放表格、采集考评数据,处理与发布考评结果,其中每一个环节都要投入大量的人力与物力。

⑤ 绩效结果。绩效结果是针对考评数据进行归集、汇总和排名处理的,并谨慎地进行数据分析,最终选择安全的途径进行发布。

⑥ 绩效反馈。绩效反馈是绩效管理"人性化"的窗口,也是企业管理者与员工共同检验承诺,彼此"交互"的窗口。试想当员工收到自己的绩效评定结果有争议的时候,通过正常沟通,则会对企业产生认可的不同姿态与心情。因此绩效反馈充分体现"公开、公平、宽容、包容"的企业文化。

2．绩效管理模式的工作原理

图 8-1 为绩效管理模式的特点，是在 e-HRMS 支撑下应用 e-浏览器，"互联网+"平台。所有考评的人员都以 ERP 系统用户的身份登录 e-浏览器，进行"背靠背"考评工作。这充分地体现了"以人为本"的管理理念。

（1）绩效管理设置。当企业初建绩效管理信息系统的时候，或依据企业与个人共同的承诺，设置绩效管理系统参数，这些参数都是来自传统绩效管理中的文件或资料。例如，工作任务目标、评价指标、评价方法、考核周期、评价对象"量表"模版、计划工作模版等常用的工作资料。

（2）考核计划。考核计划一定是针对某个具体的工作任务。例如，企业的岗位，参考第 3 章（岗位）工作说明书，是已经明确的工作任务。考核计划设计可细分为以下 3 个步骤。

① 第一步，制订考核计划的方案，也就是制定岗位的考核的方案。例如，表 8-4 为 HR 部长方案、表 8-5 为人事专员方案、表 8-6 为薪酬专员方案。

② 第二步，进行量化处理，将考核方案与考评对象、评价指标、评价人等信息关联起来，采用"量表"作为信息载体，本系统中称为"量表分配"。

③ 第三步，将方案、量表、考核周期与时间等信息关联起来，制订可以执行的考核工作计划。

（3）绩效考评。考评工作计划是在考核的工作期间，组织各级评价人员进行"量表数据"评分、收集、计算的过程。

（4）绩效结果。当"量表数据"收集和计算完成后，还要重新进行归集、汇总，做排名处理。最终形成的结果，通过慎重的数据分析后，必须选择安全的途径发布。

（5）绩效反馈。当绩效结果发布并被评价人接收后，需要设置反馈的途径进行沟通。一般的绩效管理系统提供多种反馈方式，本章案例用"申诉单"模拟，用以表述绩效反馈的基本技能。

8.2.2 典型案例

1．案例描述

2017 年 6 月份，企业对人力资源部门组织绩效考评。参加考核的有总经理张亮，考核对象有 HR 部长刘佳、人事专员马丽和薪酬专员孙梅。

2．工作任务

基于绩效管理系统的信息处理过程，完成以下 5 个学习任务和技能：

任务 1：绩效管理系统设置；

任务 2：绩效体系构建工作过程；

任务3：绩效考核（业务取数）过程；
任务4：绩效结果（数据处理）过程；
任务5：绩效反馈过程处理。

8.2.3 解决方案

按照图8-1绩效管理模式，绩效管理信息系统应该支持以下5方面的工作。
（1）绩效管理系统设置；
（2）绩效体系构建的过程；
（3）绩效考评的数据采集与处理；
（4）绩效结果的发布过程；
（5）绩效反馈的过程。

8.3 考勤管理实务准备

8.3.1 工作环境

（1）修改XP Windows桌面上的系统日历为：2017.6.18；
（2）导入[333] e-HRMS实验五账套；
（3）先以用户1000，李想的身份，登录"系统管理"平台完成表8-1资料。增加用户后，以用户2002，马丽的身份登录ABC公司的e-HRMS平台，通过绩效管理模块登录e-浏览器。

8.3.2 工作内容

（1）绩效管理系统设置；
（2）制订绩效考核计划；
（3）实施绩效考核；
（4）绩效结果排名；
（5）绩效反馈方法。

8.3.3 工作资料

（1）表8-1绩效考评人资料；
（2）表8-2绩效考评人的关系；

(3) 表 8-3 指标分类及指标定义；
(4) 表 8-4 HR 部长考核方案；
(5) 表 8-5 人事专员考核方案；
(6) 表 8-6 薪酬专员考核方案；
(7) 表 8-7 考核工作计划资料；
(8) 表 8-8 刘佳的评价数据；
(9) 表 8-9 评价人申诉单。

8.4 绩效管理实务

基于 e-HRMS 平台的绩效管理实务操作包括绩效管理设置、绩效体系、考核计划、业务取数、绩效考评、绩效结果、绩效反馈等多方面的工作，其中设置和绩效体系是一次性的，其他的都是日常业务工作，如图 8-2 所示。

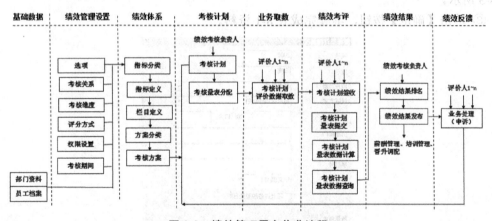

图 8-2 绩效管理平台作业流程

8.4.1 系统设置

1．e-HRMS 基础设置

为每一个绩效考评人员增加用户。参考表 8-1，评价人仅参加绩效评价。考评人都是绩效考核对象，他们既是评价人，也是考评人，自评和评价他人。

表 8-1 绩效考评人资料

部门	岗位	考评人员身份		e-HRMS 用户身份			人员档案	
		*评价人	*考评人	用户编码	用户名	角色	是否操作员	审核标志

| 总裁办 | 总经理 | 张亮 | | 2000 | 张亮 | 账套主管 | 是 | 是 |

续表

部门	岗位	考评人员身份		e-HRMS 用户身份			人员档案	
		*评价人	*考评人	用户编码	用户名	角色	是否操作员	审核标志
人力资源部	HR 部长		刘佳	2001	刘佳	账套主管	是	是
	人事专员		马丽	2002	马丽	账套主管	是	是
	薪酬专员		孙梅	2003	孙梅	账套主管	是	是

（1）增加用户。按表 8-1 绩效考评人基本资料，在"系统管理"平台增加用户资料。操作步骤：

① 以 Admin 系统管理的身份注册"系统管理"，选择"权限"菜单→"用户"，打开"用户管理"。

② 单击【增加】按钮，打开"操作员详细情况"对话框，输入编号：2000；姓名：张亮；口令：无；其他信息暂时忽略；在"所属角色"栏中，选中"账套主管"复选框，如图 8-3 所示。

③ 单击【确定】按钮，继续完成表 8-1 资料。

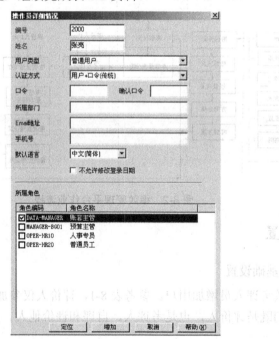

图 8-3 增加考评人员用户

（2）修改考评人员资料。以用户 2002，马丽的身份登录"企业应用平台"，修改表 8-1 中的人员档案中的是否为操作员设置以及"审核标志：通过"。

操作步骤：

① 2002 用户，登录"企业应用平台"，选择"业务工作"标签，选择"人力资源"→"人事管理"→"人员管理"→"人员档案"，打开"人员列表"。

② 选中"张亮的选择"，显示"Y"，单击【修改】按钮，打开张亮的"人员档案"。

③ 弹出"人员档案"窗口，勾选"是否操作员"复选框，并且选择"对应操作员：张亮"，如图 8-4 所示。

④ 单击【保存】，弹出"人事信息管理：部门[总裁办]人员超编，是否继续此操作？"对话框，单击"是"，弹出"人员档案：人员信息已改，是否同步修改操作员的相关信息？"对话框，单击"是"，单击【退出】人员档案，返回"人员列表"。

⑤ 选中"张亮的选择"，显示"Y"；选中张亮的"审核标志：未通过"，单击【审核】按钮，确定后"审核标志：通过"。

⑥ 参照上述操作，继续完成表 8-1 其他员工的资料。如果不修改"是否操作员"资料，则该员工无法进入 e-浏览器。

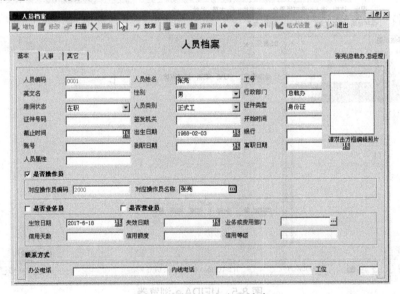

图 8-4　修改对应人员档案

（3）创建 IE 浏览器。由于绩效管理模块是在 e-浏览器上在线测评的。当每一位授权参评人员，在 e-浏览器上在线参与测评，系统自动地收集、计算、汇总、报告出相应的测评结果。e-HRMS 不仅给评价人提供了方便，还大大减轻了管理者们处理评价信息的工作量。

操作步骤：

① 在"企业应用平台"，单击"业务工作"标签，选择"人力资源"→"绩效管理"→"基础设置"→"选项"。

② 双击"选项"后，在桌面左下方的"开始行"处，单击"用友 U8-Mcrosoft Int…"，打开"用友 U8V10.1 浏览器"，单击"确定"后，完成以下操作：
    a. 如果弹出内存空间不足的提示，选择确定；
    b. 弹出"如果没有提示您自动下载 IE 配置工具，请点这里手工下载。"单击"这里"；
    c. 弹出"文件下载——安全警告"对话框，单击"运行"；
    d. 弹出"IE 配置工具"对话框，单击"测试连接"成功后，单击"下一步"；
    e. 弹出"IE 配置工具"对话框，单击"开始配置"，稍等一会儿，单击"完成"；
    f. 弹出"是否立刻重启计算机以完成配置"对话框，单击"否"。
③ 重新单击"选项"，运行 UFIDA e-浏览器，如图 8-5 所示。

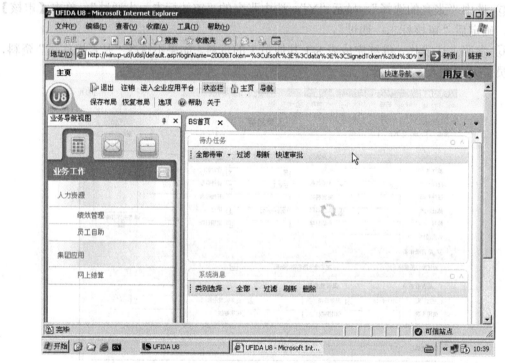

图 8-5   UFIDA e-浏览器

2．绩效管理设置

（1）绩效管理选项设置。绩效管理设置是针对影响绩效管理各模块的基础数据的设置。
在"UFIDA e-浏览器"，单击"绩效管理"→"基础设置"→"选项"，打开"选项"，本案例默认系统设置。
（2）考核关系设置。按行政类别设置岗位体系。

操作步骤：

① 在"UFIDA e-浏览器"的"业务工作"页签，选择"绩效管理"→"基础设置"→"考核关系"，打开"考核关系"，选择"岗位系列：行政"。

② 单击【增加】按钮，参考表 8-2 输入"岗位体系编码、岗位编码、岗位名称"，如图 8-6 所示。

③ 单击【保存】和【关闭】按钮。

图 8-6　考核（行政）关系设置

（3）维度设置。设置评价对象与评价人的关系。

表 8-2　绩效考评人的关系

岗位体系编码	岗位编码	岗位名称	考核对象	考评人关系	评价人
01	001	总经理	刘佳	上级	张亮
0101	004	HR 部长		自己	刘佳
				下级	马丽
				下级	孙梅
010101	005	人事专员	马丽	上上级	张亮
				上级	刘佳
				同级	孙梅
				自己	马丽

续表

岗位体系编码	岗位编码	岗位名称	考核对象	考评人关系	评价人
010102	006	薪酬专员	孙梅	上上级	张亮
				上级	刘佳
				同级	孙梅
				自己	马丽

操作步骤：

① 在"UFIDA e-浏览器"的"业务工作"页签，选择"绩效管理"→"基础设置"→"维度设置"，打开"维度设置"。

② 如图 8-7 所示，表 8-2 为绩效考评人的维度关系已经包含在内了，因此默认系统设置。

③ 单击【关闭】按钮。

图 8-7 维度设置

（4）评分方式。通常采用百分制，默认系统设置。

（5）权限设置。绩效考评人员查询权限的设置。

操作步骤：

① 在"UFIDA e-浏览器"的"业务工作"页签，选择"绩效管理"→"基础设置"→"权限方案"，弹出"权限方案"对话框。

② 单击【修改】按钮，选中图 8-8 中的复选框，为了学习方便，设置的授权比较宽，在实际应用中要求精准授权。

③ 单击【保存】和【退出】按钮。

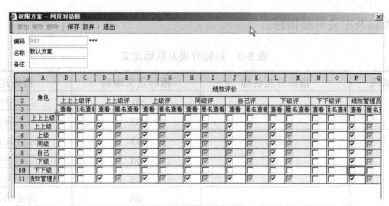

图 8-8 权限方案

（6）考核周期设置。

设置 2017 年的绩效考核周期。

操作步骤：

① 在"UFIDA e-浏览器"的"业务工作"页签，选择"绩效管理"→"基础设置"→"考核周期"，打开"考核周期"。

② 单击【生成】按钮，弹出"增加周期"对话框。

③ 输入"年度：2017"，选"年"复选框，单击【确定】，返回"考核周期"，如图 8-9 所示。

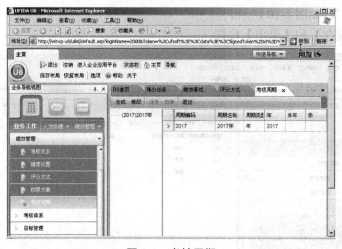

图 8-9 考核周期

8.4.2 绩效体系

考核体系包括指标分类、指标定义、栏目定义、考核分类、考核方案、考核计划、量表等多项工作以及定义考核指标。

表 8-3 指标分类及指标定义

指标分类编码	指标分类名称	指标定义编码	指标定义名称
001	业绩	01	工作业绩达标
		02	员工满意度
002	能力	03	业务知识
		04	组织领导能力
		05	公共关系能力
		06	沟通协调能力
003	意识	07	工作积极性
		08	培养下属意识
		09	全局意识
		10	成本意识

（1）指标分类。

操作步骤：

① 在"UFIDA e-浏览器"的"业务工作"页签，选择"绩效管理"→"考核体系"→"指标分类"，打开"指标分类"。

② 单击【修改】按钮，按表 8-3 的"指标分类及指标定义"，修改"工作分类名称：业绩、能力、意识"，如图 8-10 所示。

③ 单击【保存】和【退出】按钮。

图 8-10 指标分类

（2）指标定义。在考评之前，需要先定义好本次考评的指标，明确需要考评的内容。

操作步骤：

① 在"UFIDA e-浏览器"的"业务工作"页签，选择"绩效管理"→"考核体系"→"指标定义"，打开"指标定义"。

② 单击【增加】按钮，输入"指标编码：01；指标名称：工作业绩达标；指标分类：业绩"，单击【保存】按钮。

③ 单击【增加】按钮，继续完成表8-3考评定义指标的输入，如图8-11所示。

④ 单击【退出】按钮。

图 8-11　指标定义

（3）栏目定义。默认系统设置。

（4）方案分类。默认系统设置。

（5）考核方案。绩效管理体系要为每一个岗位设计考核方案。例如，典型案例中的表8-4、表8-5、表8-6分别是人力资源部门的HR部长、人事专员、薪酬专员这3个岗位的考核方案。

表 8-4　HR 部长考核方案

职位编号		0004		岗位名称	人力资源部长		评分
评价分类权重	评价指标		指标权重	考评维度	维度权重	评价人	
业绩（70%）	工作业绩达标		60%	上级	40%	张亮	
				下级	20%	马丽	
					20%	孙梅	
				自己	20%	刘佳	

职位编号	0004		岗位名称	人力资源部长		评分
评价分类权重	评价指标	指标权重	考评维度	维度权重	评价人	
业绩（70%）	员工满意度	40%	上级	40%	张亮	
			下级	20%	马丽	
				20%	孙梅	
			自己	20%	刘佳	
	小计	100%				
能力（20%）	业务知识	40%	上级	40%	张亮	
			下级	20%	马丽	
				20%	孙梅	
			自己	20%	刘佳	
	组织领导能力	60%	上级	40%	张亮	
			下级	20%	马丽	
				20%	孙梅	
			自己	20%	刘佳	
	小计	100%				
意识（10%）	工作积极性	40%	上级	40%	张亮	
			下级	20%	马丽	
				20%	孙梅	
			自己	20%	刘佳	
	培养下属意识	60%	上级	40%	张亮	
			下级	20%	马丽	
				20%	孙梅	
			自己	20%	刘佳	
	小计	100%				

表 8-5 人事专员考核方案

职位编号	0005		岗位名称	人事专员		评分
评价分类权重	评价指标	指标权重	考评维度	维度权重	评价人	
业绩（70%）	工作业绩达标	60%	上上级	10%	张亮	
			上级	50%	刘佳	
			同级	20%	孙梅	
			自己	20%	马丽	
	员工满意度	40%	上上级	10%	张亮	
			上级	50%	刘佳	
			同级	20%	孙梅	

续表

职位编号		0005	岗位名称		人事专员	评分
评价分类权重	评价指标	指标权重	考评维度	维度权重	评价人	
业绩（70%）			自己	20%	马丽	
	小计	100%				
能力（20%）	业务知识	40%	上上级	10%	张亮	
			上级	50%	刘佳	
			同级	20%	孙梅	
			自己	20%	马丽	
	公共管理	60%	上上级	10%	张亮	
			上级	50%	刘佳	
			同级	20%	孙梅	
			自己	20%	马丽	
	小计	100%				
意识（10%）	工作积极性	40%	上上级	10%	张亮	
			上级	50%	刘佳	
			同级	20%	孙梅	
			自己	20%	马丽	
	全局意识	60%	上上级	10%	张亮	
			上级	50%	刘佳	
			同级	20%	孙梅	
			自己	20%	马丽	
	小计	100%				

表8-6 薪酬专员考核方案

职位编号		0005	岗位名称		人事专员	评分
评价分类权重	评价指标	指标权重	考评维度	维度权重	评价人	
业绩（70%）	工作业绩达标	60%	上上级	10%	张亮	
			上级	50%	刘佳	
			同级	20%	马丽	
			自己	20%	孙梅	
	员工满意度	40%	上上级	10%	张亮	
			上级	50%	刘佳	
			同级	20%	马丽	
			自己	20%	孙梅	
	小计	100%				

续表

职位编号		0005	岗位名称		人事专员	评分
评价分类权重	评价指标	指标权重	考评维度	维度权重	评价人	
能力（20%）	业务知识	40%	上上级	10%	张亮	
			上级	50%	刘佳	
			同级	20%	马丽	
			自己	20%	孙梅	
	沟通协调能力	60%	上上级	10%	张亮	
			上级	50%	刘佳	
			同级	20%	马丽	
			自己	20%	孙梅	
	小计	100%				
意识（10%）	工作积极性	40%	上上级	10%	张亮	
			上级	50%	刘佳	
			同级	20%	马丽	
			自己	20%	孙梅	
	成本意识	60%	上上级	10%	张亮	
			上级	50%	刘佳	
			同级	20%	马丽	
			自己	20%	孙梅	
	小计	100%				

操作步骤：

① 在"UFIDA e-浏览器"的"业务工作"页签，选择"绩效管理"→"考核体系"→"考核方案"，打开"考核方案"。

② 单击【增加】按钮：

a. 表头

输入"方案编码：01，方案名称：HR 部长考核方案，方案分类：人员考核，考核周期年，权限方案：默认方案，所属部门：人力资源部"，如图 8-13 所示。

b. 表体

☐ 选择"考核指标"页签：设置表 8-4 中的评价指标。【增加】按钮，弹出"参照"对话框，选择考核指标，如图 8-12 所示，单击【确认】；返回"考核指标"页签，输入表 8-4 的"评价分类权重"和"评价权重"，如图 8-13 所示。

☐ 选择"量表栏目"页签：勾选"06，实际值"，如图 8-14 所示。

☐ 选择"工作计划栏目"页签：勾选"012，实际开始时间；013，实际完成时间"，如图 8-15 所示。

- 选择"目标分解验证规则"页签：默认。
- 选择"考核维度"页签，输入表 8-4"维度权重"，并勾选复选框，如图 8-16 所示。单击【保存】，检查一下上述设置。

③ 定义"量表模版"。单击【量表模版】按钮，弹出"量表模版定义——网络对话框"，如图 8-17 所示，单击【保存】，弹出"绩效管理：保存量表成功"提示，单击"确定"，回到"量表模版定义——网络对话框"，单击【退出】，返回"考核方案"。

④ 定义"工作计划模版"。单击【工作计划模版】按钮，弹出"工作计划模版定义——网络对话框"，如图 8-18 所示，单击【保存】，弹出"绩效管理：保存计划成功"提示，单击"确定"，回到"工作计划模版定义——网络对话框"，单击【退出】，返回"考核方案"。

⑤ 单击【审核】按钮，"HR 部长考核方案，方案状态：已审核"。继续完成表 8-5 和表 8-6 的考核方案输入。

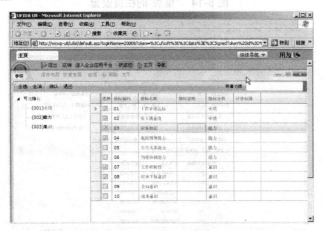

图 8-12 选择考核指标

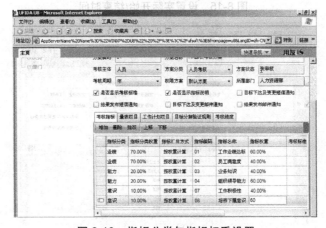

图 8-13 指标分类与指标权重设置

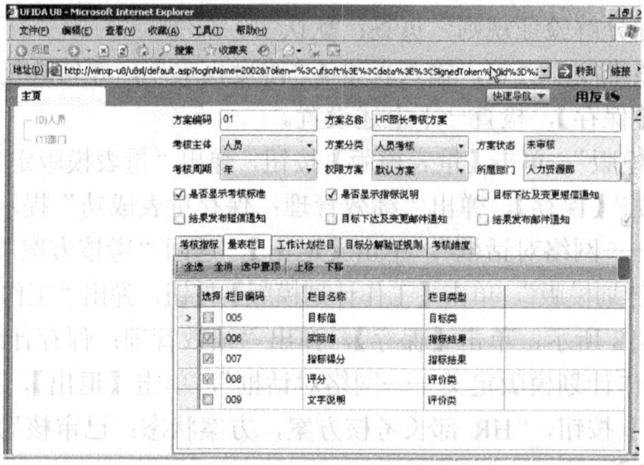

图 8-14 "量表"的栏目设置

图 8-15 设置实际开始/结束时间

图 8-16 考核维度设置

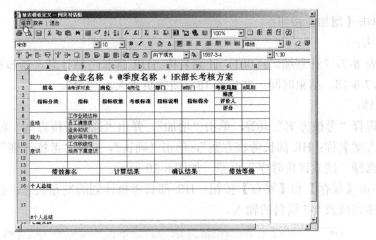

图 8-17 定义量表模版

图 8-18 定义工作计划模版

（6）考核计划。考核计划与考核方案不同的是，考核计划是一个可以执行的工作计划。它包括具体的考核周期、考核计划的开始时间和结束时间、绩效负责人，该计划是属于哪一个考核方案的，如表 8-7 所示。

表 8-7 考核计划资料

计划编码	计划名称	考核周期	开始/结束时间	绩效负责人	方案编码	考核方案
001	HR 部长考核计划	2017	2017-6-18	马丽	01	HR 部长考核方案
002	人事专员考核计划	2017	2017-6-18	马丽	02	人事专员考核方案
003	薪酬专员考核计划	2017	2017-6-18	马丽	03	薪酬专员考核方案

操作步骤：

① 在"UFIDA e-浏览器"的"业务工作"页签，选择"绩效管理"→"考核体系"→"考核计划"，打开"考核计划"。

② 单击【增加】按钮：

a. 表头：

输入表 8-7，"计划编码：001，计划名称：HR 部长考核计划，考核周期：2017，开始时间：2017-6-18，结束时间：2017-6-18，绩效负责人：马丽"。

b. 表体：

❑ 选择"考核方案"页签，单击"增加"，弹出"选择考核方案"对话框，勾选"01，方案名称：HR 部长考核方案"，单击"确认"，返回"考核计划"，如图 8-19 所示；

❑ 选择"绩效评价时序"页签，如图 8-20 所示。

③ 单击【保存】和【发布】按钮，HR 部长考核计划的发布状态：已发布，如图 8-21 所示。继续完成表 8-7 资料的输入。

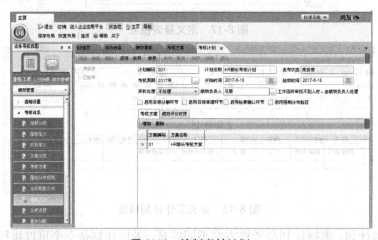

图 8-19 编制考核计划

图 8-20 绩效评价时序

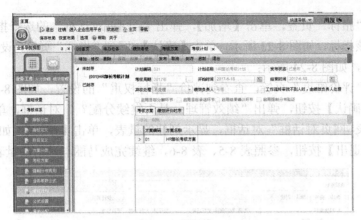

图 8-21　考核计划已发布

（7）量表分配。考核计划发布以后，需要将该考核计划链接到对应的考核对象和评价人。例如，HR 部长考核计划的考核对象为刘佳，评价人有总经理张亮、人事专员马丽、薪酬专员孙梅。

为某个考核计划分配考核对象、评价指标、评价维度，简称为"量表"分配。

操作步骤：

① 在"UFIDA e-浏览器"的"业务工作"页签，选择"绩效管理"→"考核体系"→"量表分配"，弹出"量表分配--网页对话框"。

② 选中："考核计划：HR 部长考核计划，考核方案 HR 部长考核方案，考核主体：人员"。

③ 单击【分配】按钮，弹出"--网页对话框"。

❑ 默认"考核对象"页签，选中"岗位，岗位系列：行政，人员编码：刘佳"，如图 8-22 所示，单击【提交】；

图 8-22　选择考核对象

- 选择"指标"页签,单击【增加】,弹出"--网页对话框"的选择指标,勾选全部的考核指标,如图 8-23 所示,单击【确认】,回到"指标"页签,设置"岗位系列:行政",如图 8-24 所示;
- 选择"评价维度"页签,查看到评价"指标权重"的设置,如图 8-25 所示。

④ 单击【确认】按钮,弹出"绩效管理:是否继续分配?"对话框,单击【取消】,弹出"量分配表--网页对话框"对话框,显示刘佳的量表,单击【审核】,如图 8-26 所示;

⑤ 单击【退出】按钮,参照表 8-5、表 8-6,继续完成马丽与孙梅的量表分配。

图 8-23 分配评价指标

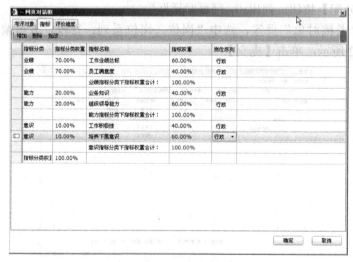

图 8-24 编辑指标权重

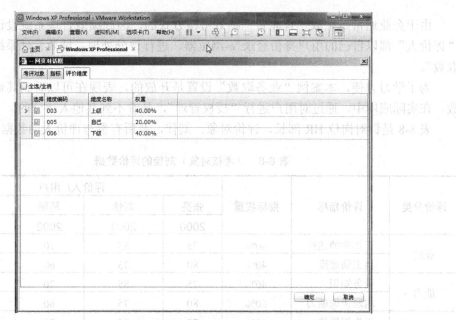

图 8-25 评价主体权重

图 8-26 刘佳的考核量表

8.4.3 绩效考评

1. 业务取数

考核对象的量表审核以后,所有的"评价人"便可以进行评分工作任务了。

由于企业通常是采取"背靠背"绩效考核方式的,因此绩效管理系统设计是让所有的"评价人"都以自己的用户身份登录 e-浏览器,进行评分处理,绩效管理系统称为"业务取数"。

为了学习方便,本案例"业务取数"设置是开放的,表现在可以看到其他人的评价分数。在实际应用中,通过对用户进行"授权管理",是看不到其他人评分的。

表 8-8 是针对岗位 HR 部长,评价对象:刘佳,及所有参与评价人的数据。

表 8-8 (考核对象)刘佳的评价数据

评价分类	评价指标	指标权重	评价人/用户			
			张亮	刘佳	马丽	孙梅
			2000	2001	2002	2003
业绩	工作业绩达标	60%	75	85	70	65
	员工满意度	40%	80	75	60	70
能力	业务知识	40%	75	85	70	65
	沟通协调能力	60%	80	75	60	70
意识	工作积极性	40%	75	85	70	65
	成本意识	60%	80	75	60	70

评价数据输入。以用户 2000,张亮的身份,登录"企业应用"平台,操作日期:2017-06-18;在"企业应用"平台上,选择"业务工作"→"人力资源"→"绩效管理"→"绩效考评"→"业务取数",单击"业务取数"激活"UFIDA e-浏览器"。

操作步骤:

① 单击"UFIDA e-浏览器",弹出"业务取数--网页"对话框。

② 选中"数据类型:评价数据;考核计划:HR 部长考核计划;考核方案:HR 部长考核方案"。

③ 单击【修改】按钮,参照表 8-8 资料,张亮:输入自己的数据,如图 8-27 所示。

④ 单击【保存】和【退出】按钮。

退出"UFIDA e-浏览器",返回"企业应用平台",单击【重新注册】按钮。

刘佳、马丽、孙梅继续以各自的用户编码登录"企业应用"平台,参照表 8-8 完成评价数据的输入,如图 8-28 所示。

2. 评分数据处理

(1)取量表数。以用户 2002,马丽,考核计划负责人的身份,登录"企业应用"平台。

在"企业应用"平台上,选择"业务工作"→"人力资源"→"绩效管理"→"绩效考评"→"绩效评价",单击 "绩效评价"激活"UFIDA e-浏览器"。

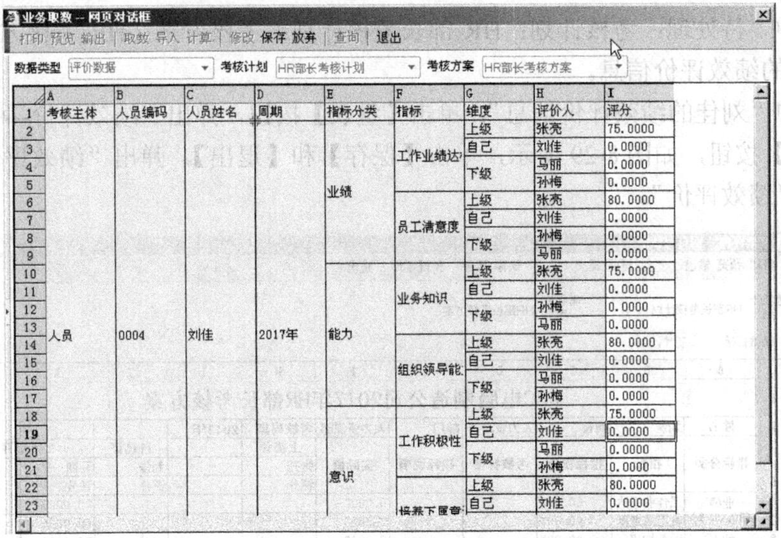

	A	B	C	D	E	F	G	H	I
1	考核主体	人员编码	人员姓名	周期	指标分类	指标	维度	评价人	评分
2						工作业绩达	上级	张亮	75.0000
3							自己	刘佳	0.0000
4							下级	马丽	0.0000
5					业绩			孙梅	0.0000
6						员工满意度	上级	张亮	80.0000
7							自己	刘佳	0.0000
8							下级	孙梅	0.0000
9								马丽	0.0000
10						业务知识	上级	张亮	75.0000
11							自己	刘佳	0.0000
12							下级	孙梅	0.0000
13	人员	0004	刘佳	2017年	能力			马丽	0.0000
14						组织领导能	上级	张亮	80.0000
15							自己	刘佳	0.0000
16							下级	马丽	0.0000
17								孙梅	0.0000
18						工作积极性	上级	张亮	75.0000
19							自己	刘佳	0.0000
20							下级	马丽	0.0000
21					意识			孙梅	0.0000
22						培养下属意	上级	张亮	80.0000
23							自己	刘佳	0.0000

图 8-27 张亮评分输入

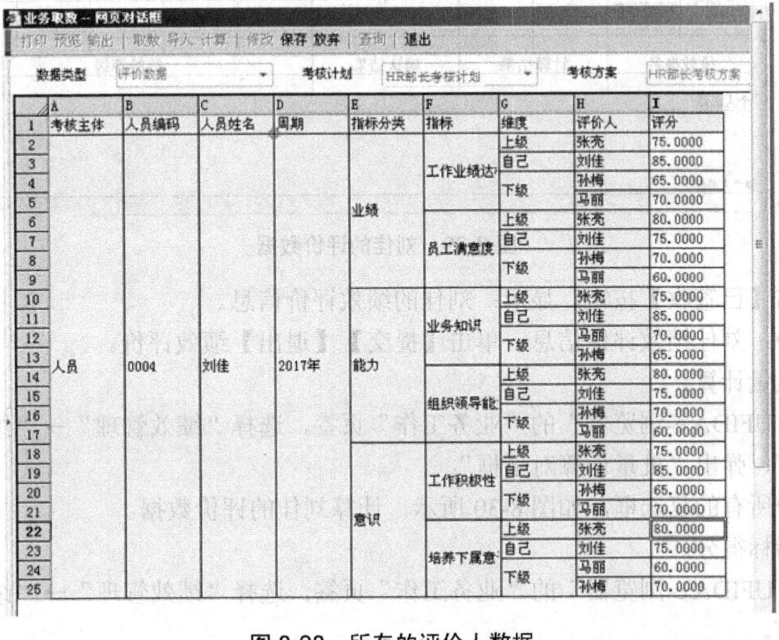

	A	B	C	D	E	F	G	H	I
1	考核主体	人员编码	人员姓名	周期	指标分类	指标	维度	评价人	评分
2						工作业绩达	上级	张亮	75.0000
3							自己	刘佳	85.0000
4							下级	孙梅	65.0000
5					业绩			马丽	70.0000
6						员工满意度	上级	张亮	80.0000
7							自己	刘佳	75.0000
8							下级	孙梅	70.0000
9								马丽	60.0000
10						业务知识	上级	张亮	75.0000
11							自己	刘佳	85.0000
12							下级	马丽	70.0000
13	人员	0004	刘佳	2017年	能力			孙梅	65.0000
14						组织领导能	上级	张亮	80.0000
15							自己	刘佳	75.0000
16							下级	孙梅	70.0000
17								马丽	60.0000
18						工作积极性	上级	张亮	75.0000
19							自己	刘佳	85.0000
20							下级	孙梅	65.0000
21					意识			马丽	70.0000
22						培养下属意	上级	张亮	80.0000
23							自己	刘佳	75.0000
24							下级	马丽	60.0000
25								孙梅	70.0000

图 8-28 所有的评价人数据

操作步骤：

① 在“UFIDA e-浏览器”的“业务工作”页签上，选择“绩效管理”→“绩效考评”→“绩效评价”，打开“绩效评价”。

② 选中"待处理；考核计划：HR 部长考核计划；考核方案：HR 考核方案"，显示：马丽对刘佳的绩效评价信息。

③ 选中"刘佳的绩效评价信息"，单击【量表】按钮，弹出"绩效评价--网页对话框"，单击【签收】按钮，如图 8-29 所示，单击【保存】和【退出】，弹出"绩效评价--网页对话框"，返回"绩效评价"。

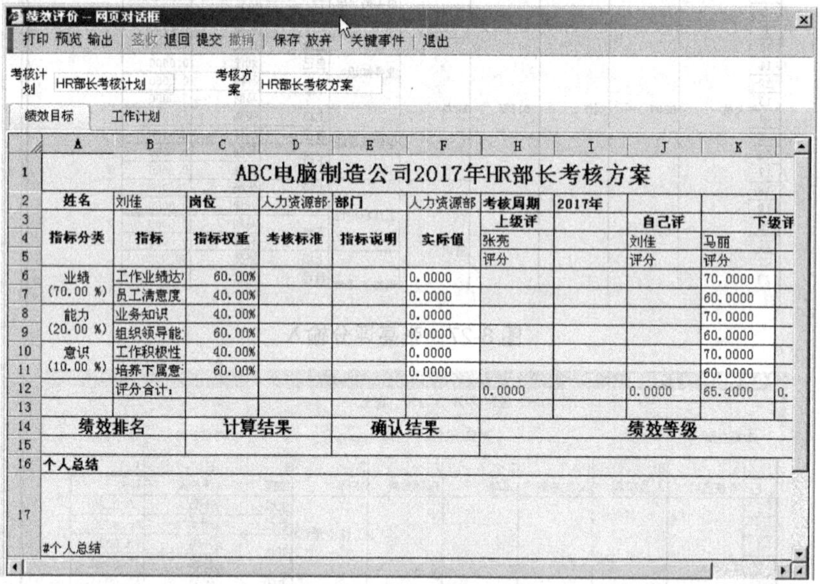

图 8-29 刘佳的评价数据

④ 单击【已签收】按钮，显示：刘佳的绩效评价信息。

⑤ 选中：刘佳绩效评价信息，单击【提交】,【退出】绩效评价。

（2）批量计算。

① 在"UFIDA e-浏览器"的"业务工作"页签，选择"绩效管理"→"绩效考评"→"批量计算"，弹出"批量计算对话框"。

② 选中所有的复选框，如图 8-30 所示，计算刘佳的评价数据。

（3）指标得分。

① 在"UFIDA e-浏览器"的"业务工作"页签，选择"绩效管理"→"绩效考评"→"业务取数"。

② 选中"数据类型：量表数据；考核计划：HR 部长考核计划；考核方案：HR 部长考核方案"。

③ 显示：刘佳的"指标得分"结果，如图 8-31 所示。

第8章 绩效管理 205

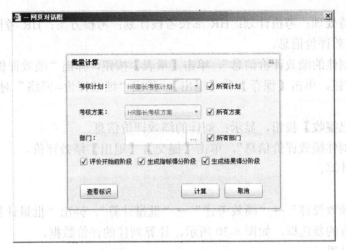

图 8-30 评价数据计算

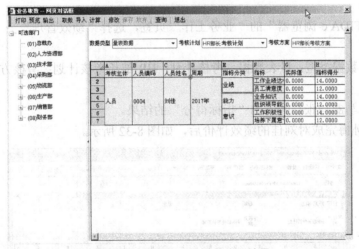

图 8-31 刘佳的"指标得分"结果

3. 所有评价人的数据处理

张亮、刘佳、孙梅分别登录"企业应用平台"。例如,以张亮的身份登录"企业应用平台"。

在"企业应用"平台上,选择"业务工作"→"人力资源"→"绩效管理"→"绩效考评"→"绩效评价",单击"绩效评价"激活"UFIDA e-浏览器"。

(1)提交量表。

操作步骤:

① 在"UFIDA e-浏览器"的"业务工作"页签上,选择"绩效管理"→"绩效考评"→"绩效评价",打开"绩效评价"。

② 选中"待处理；考核计划：HR 部长考核计划；考核方案：HR 考核方案"，显示：张亮对刘佳的绩效评价信息。

③ 选中"刘佳的绩效评价信息"，单击【量表】按钮，弹出"绩效评价--网页对话框"，单击【签收】按钮，单击【保存】和【退出】，弹出"绩效评价--网络"对话框，返回"绩效评价"。

④ 单击【已签收】按钮，显示：刘佳的绩效评价信息。

⑤ 选中"刘佳绩效评价信息"，单击【提交】,【退出】绩效评价。

（2）批量计算。

操作步骤：

① 选择"绩效管理"→"绩效考评"→"批量计算"，弹出"批量计算对话框"；

② 选中所有的复选框，如图 8-30 所示，计算刘佳的评价数据。

（3）计算结果。

操作步骤：

① 在"UFIDA e-浏览器"的"业务工作"页签，选择"绩效管理"→"绩效考评"→"业务取数"。

② 选择"数据类型：量表数据；考核计划：HR 部长考核计划；考核方案：HR 部长考核方案"。

③ 显示：马丽与张亮两人的"指标得分"的结果。

当刘佳与孙梅完成对刘佳的绩效评价后，如图 8-32 所示。

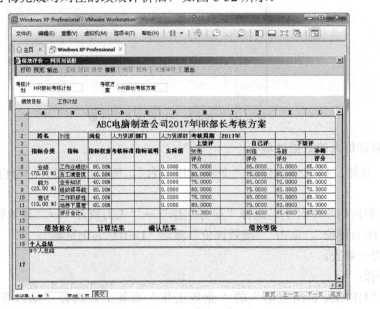

图 8-32　所有评价人的数据

(4) 指标得分。

① 在"UFIDA e-浏览器"的"业务工作"页签,选择"绩效管理"→"绩效考评"→"业务取数",打开"业务取数--网页对话框"。

② 选中"数据类型:量表数量;考核计划:HR 部长考核计划;考核方案:HR 考核方案",如图 8-33 所示。

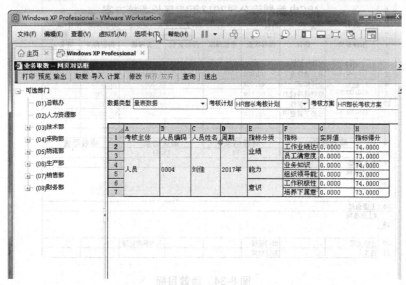

图 8-33　刘佳最终的"指标得分"

8.4.4　绩效结果

1. 绩效结果排名

当所有评价人的数据处理完成后,将要进行绩效排名。

以用户 2002,马丽,考核计划负责人的身份,登录"企业应用"平台。

在"企业应用"平台上,选择"业务工作"→"人力资源"→"绩效管理"→"绩效考评"→"结果发布",单击"绩效评价"激活"UFIDA e-浏览器"。

操作步骤:

(1) 在"UFIDA e-浏览器"的"业务工作"页签上,选择"绩效管理"→"绩效考评"→"结果发布",打开"结果发布"。

(2) 选中"待发布;考核计划:HR 部长考核计划;考核方案:HR 部长方案"。

(3) 选中"刘佳的绩效评价信息",单击【量表】,弹出"我的目标--网页对话框",如图 8-34 绩效目标所示。单击【退出】,返回"结果发布"。

(4) 单击【排名】按钮,弹出"强制分组排名"对话框,"确定",返回"结果发布",

显示排名结果,如图 8-35 所示。

	A	B	C	D	E	F	G	H
1	ABC电脑制造公司2017年HR部长考核方案							
2	姓名	刘佳	岗位	人力资源部	部门	人力资源部	考核周期	2017年
3	指标分类	指标	指标权重	考核标准	指标说明	实际值	指标得分	维度评价人评分
6	业绩(70.00 %)	工作业绩达标	60.00%			0.0000	74.0000	
7		员工满意度	40.00%			0.0000	73.0000	
8	能力(20.00 %)	业务知识	40.00%			0.0000	74.0000	
9		组织领导能力	40.00%			0.0000	73.0000	
10	意识(10.00 %)	工作积极性	40.00%			0.0000	74.0000	
11		培养下属意识	60.00%			0.0000	73.0000	
14	绩效排名		计算结果		确认结果		绩效等级	
15			73.54		73.54			
16	个人总结							
17	#个人总结						截图(Alt + A)	
18	上级总结							
19	#上级总结							
20	上级主管		部门经理		人力资源经理			
21	责任人		签订时间					

图 8-34 绩效目标

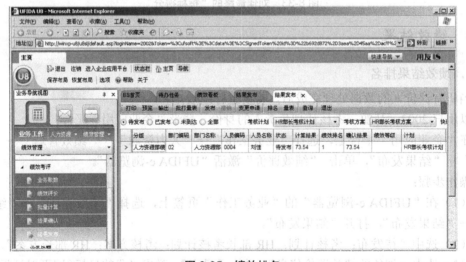

图 8-35 绩效排名

2. 绩效结果发布

绩效排名后,进入绩效结果发布。

操作步骤:
(1) 选中"刘佳的绩效结果信息",单击【发布】按钮;
(2) 选择"已发布",刘佳的绩效结果便发布了,如图 8-36 所示。

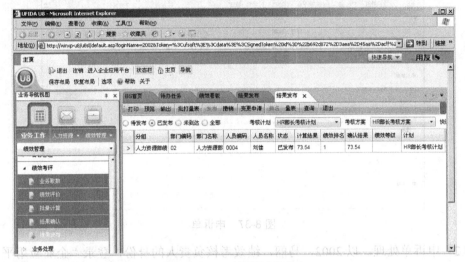

图 8-36 刘佳绩效结果发布

8.4.5 绩效反馈

当绩效结果发布之后,当被考核人员查询到自己的考核结果后,有争议时可以通过绩效反馈的渠道进行沟通。绩效反馈通常有申诉、面谈、关键事件处理等多种途径。

案例假设刘佳进行申诉反馈,以 2001,刘佳的身份,登录"企业应用平台"。

(1) 填制申诉单。

表 8-9 评价人申诉单

评价人姓名	申 诉 事 由	处 理 意 见	申诉人反馈意见
刘佳	意识评分不符合实际情况	申诉属实,已处理	同意处理意见

操作步骤:

① 在"企业应用"平台上,选择"业务工作"→"人力资源"→"绩效管理"→"绩效考评"→"结果发布",单击"绩效评价"激活"UFIDA e-浏览器"。

② 在"UFIDA e-浏览器"的"业务工作"页签,选择"绩效管理"→"业务处理"→"申诉管理",打开"申诉管理"。

③ 单击【增加】按钮,弹出"申诉"单,按表 8-9 的"评价人申诉单",填写"申诉理由:意识评分不符合实际情况",如图 8-37 所示,单击【保存】按钮,关闭 e-浏览器。

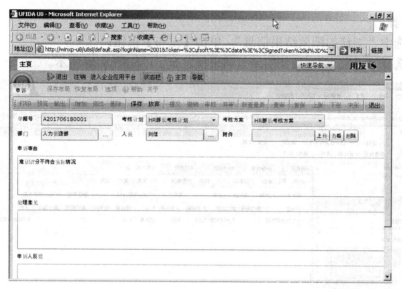

图8-37 申诉单

（2）申诉单处理。以2002，马丽，绩效考核负责人的身份，登录"企业应用平台"。

操作步骤：

① 在"企业应用"平台上，选择"业务工作"→"人力资源"→"绩效管理"→"绩效考评"→"结果发布"，单击"绩效评价"激活"UFIDA e-浏览器"。

② 在"UFIDA e-浏览器"的"业务工作"页签，选择"绩效管理"→"业务处理"→"申诉管理"，打开"申诉管理"。

③ 选中"申诉单"，单击【查看】，弹出"申诉"单，单击【修改】，填写"处理意见：申诉属实，已处理"。

④ 单击【保存】按钮，如图8-38所示，关闭e-浏览器。

（3）申述人反馈。以2001，刘佳（绩效考核负责人）的身份，登录"企业应用平台"。

操作步骤：

（1）在"企业应用"平台上，选择"业务工作"→"人力资源"→"绩效管理"→"绩效考评"→"结果发布"，单击"绩效评价"激活"UFIDA e-浏览器"。

（2）在"UFIDA e-浏览器"的"业务工作"页签，选择"绩效管理"→"业务处理"→"申诉管理"，打开"申诉管理"。

（3）选中"申诉单"，单击【查看】，弹出"申诉"单，单击【修改】，填写"申请人反馈：同意处理意见"。

（4）单击【保存】和【审核】，如图8-39所示。关闭e-浏览器申述处理完毕。

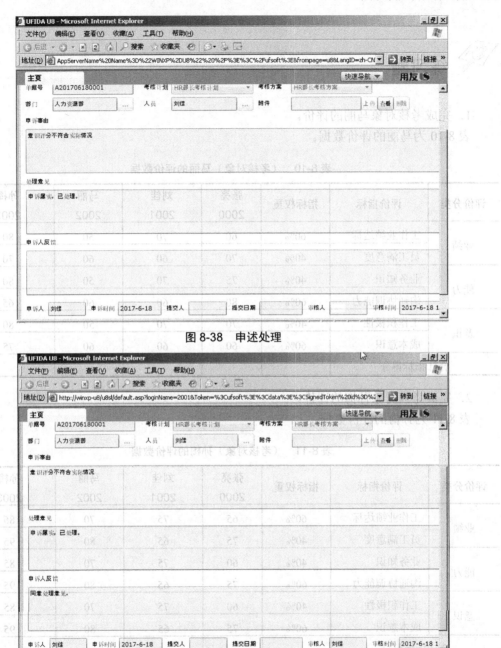

图 8-38 申述处理

图 8-39 申述处理完毕

至此一个完整的绩效考核计划管理过程，即绩效管理业务流程完成。

练习题

1. 完成考核对象马丽的评价。

表 8-10 为马丽的评价数据。

表 8-10　（考核对象）马丽的评价数据

评价分类	评价指标	指标权重	张亮 2000	刘佳 2001	马丽 2002	孙梅 2003
业绩	工作业绩达标	60%	60	70	50	80
	员工满意度	40%	70	60	60	70
能力	业务知识	40%	75	70	50	80
	沟通协调能力	60%	80	60	60	65
意识	工作积极性	40%	70	70	50	80
	成本意识	60%	60	60	60	75
合计指标得分						

2. 完成考核对象孙梅的评价。

表 8-11 为孙梅的评价数据。

表 8-11　（考核对象）孙梅的评价数据

评价分类	评价指标	指标权重	张亮 2000	刘佳 2001	马丽 2002	孙梅 2003
业绩	工作业绩达标	60%	65	75	70	85
	员工满意度	40%	75	65	80	95
能力	业务知识	40%	60	75	70	85
	沟通协调能力	60%	75	65	80	95
意识	工作积极性	40%	60	75	70	85
	成本意识	60%	75	65	80	95
合计指标得分						

3. 表 8-10 和表 8-11 完成后，做绩效结果排名截图。

 思考题

1. 绩效管理系统包括哪些内容？
2. 简述制订考核计划的步骤。
3. 简述绩效管理的业务流程。
4. 绩效管理用到了哪些工作资料？
5. 考核方案中涉及了哪些关键信息？
6. 考核计划中涉及了哪些关键信息？
7. 考核"量表"中涉及哪些关键数据？
8. 简述绩效管理实务操作的整个过程。

第 9 章

人事（合同）管理

学习目标

- 了解人事合同管理的概念和内容
- 理解人事合同管理信息模式
- 掌握人事合同管理的实务

学习技能

- 学会人事合同管理的基本技能
- 学会人事合同管理系统平台作业的基本技能
- 掌握人事合同业务处理过程的基本技能

9.1 背 景 知 识

9.1.1 人事合同管理概述

人事合同又称劳动合同。劳动合同是指劳动者与用人单位双方确定劳动关系之后，依据劳动法律经协商达成双方权利和义务的书面形式协议。劳动合同是确立劳动关系的法律依据。2007 年 6 月 29 日第十届全国人民代表大会常务委员会第二十八次会议通过，自 2008 年 1 月 1 日起开始施行的《中华人民共和国劳动合同法》（以下简称《劳动合同法》），是中国第一部较完整的调整劳动合同关系的法律。

《劳动合同法》的颁布和施行，对中国的用人单位和劳动者依法保护自己的合法权益提供了更加完整的法律依据。

9.1.2 人事合同管理内容

根据中国的《劳动合同法》第十七条，劳动合同应当以书面形式订立，并包括法定条款和协商条款。因此人事合同管理的主要内容有 3 个方面：劳动合同的管理、协议条款的管理和劳动争议的管理。

劳动合同。包括签订、变更、续签、解除、终止处理过程的管理。

协议条款。如常规的保密、培训和岗位协议条款的签订、变更、解除、终止处理过程的管理。

劳动争议。它是劳动关系不协调的反映，只有妥善、合法、公正、及时地处理劳动争议，才能维护劳动关系双方当事人的合法权益。

9.2 人事合同管理系统

人事合同管理系统的主要功能是及时地更新和管理劳动合同与协议。为了达到这一目的，系统需要将每一位员工订立的书面形式的"劳动合同""协议条款"资料，映射到系统里去，并通过系统实时提醒管理者，及时更新书面形式的劳动合同。

对于劳动争议，希望通过系统平台得到及时的反馈，从而帮助员工和用人单位建立良好的劳动关系。

人事合同管理系统包括人事合同管理设置、劳动合同管理、协议条款管理、劳动争议及统计信息分析。

9.2.1 人事合同管理模式

1. 人事管理模式

图 9-1 所示的人事合同管理模式，包括部门、e-HRMS 的模块和业务流程 3 个方面。图中业务流程的虚线，表示人事合同管理系统的衍生应用。

(1) 部门。涉及参与的人力资源部门以及所有被授权了的员工。

(2) e-HRMS。包括基础数据、合同管理设置、员工档案管理、合同管理、协议管理、劳动争议、统计分析模块以及后续的拓展应用职业生涯管理模块。

(3) 业务流程。表示在 e-HRMS 支撑下，基础数据、合同管理的设置、员工档案管理、合同管理、协议管理、劳动争议和统计分析以及各项工作任务和工作的顺序。其中：

① 基础数据。是 e-HRMS 系统共享的数据，有部门资料、岗位资料和员工档案资料。

② 员工档案管理。是人力资源管理的关键任务之一。在对员工劳动合同进行管理时，可以方便地联查到他的档案情况。

③ 合同管理。合同管理包括了初签、变更、续签、终止各种微观活动的记录与处理。

④ 协议管理。协议管理包括了保密、培训、岗位各种协议的处理及台账的使用。

⑤ 劳动争议。是劳动合同在执行过程中，员工与用人单位双方的反馈通道。

⑥ 统计分析。是劳动合同执行过程中的各类信息，是人事合同管理的信息窗口。

⑦ 职业生涯管理。人事合同管理系统通过一段时间的应用，会积累大量的劳动合同执行情况的记录。这些记录也是员工职业生涯中的关键信息。当企业确定要进行员工的职业生涯管理的时候，这些积累的资料，将是员工职业生涯管理系统中的基础数据。

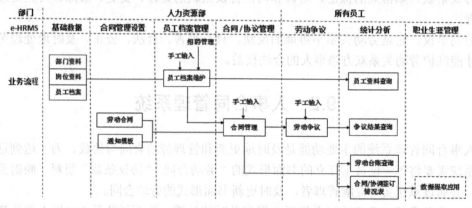

图 9-1　人事合同管理模式

2. 人事合同管理模式的工作原理

（1）员工档案管理。众所周知，人事合同管理的对象是员工，因此员工档案管理是人力资源部门工作的重点。其管理的主要内容，包括员工的编码规则和员工主文件的数据规则的定义及员工档案的管理。对于员工档案管理而言，资料的维护可以通过手工输入，也可以来自招聘管理模块；常规的应用均为查询。

（2）合同管理。按照国家劳动法规定，企业的每一位员工都要签订书面形式的劳动合同。而系统中的劳动合同信息是与书面合同同步的。系统管理的目的是，及时地提醒管理者更新员工的劳动合同，并记录初签、变更、续签、终止的信息。

（3）协议管理。协议条款一般是与合同同时订立的。因此协议的管理与合同管理方法是一样的。在更改劳动合同的时候，系统会及时地记录初签、变更、续签、终止的信息，并提供合同与协议相互联查的信息功能。

（4）劳动争议。在传统管理中由于劳动争议缺乏信息沟通平台，因此引起劳动争议的事件屡屡发生。而人事合同管理系统平台很好地解决了这个问题。从小事件维权到劳动争议，都可以通过平台及时地得到处理。

（5）统计分析。统计分析是企业管理者的信息窗口，各类报表不仅可以帮助管理者们分析当前的情况，还可以观察到员工的状态。因此管理者们熟练地掌握统计分析功能，是改变传统管理思维、培养创新能力的基本条件。

（6）职业生涯管理。在 e-HRMS 初期运行的时候，企业就进行员工职业生涯管理还有点早。原因是职业生涯管理系统需要积累大量的数据。只有当人事合同管理系统成功地应用，并系统地积累了大量的记录，这样才能结合员工档案不断积累的信息、培训管理积累的信息、绩效管理积累的信息，十分方便地得到员工职业生涯管理基础数据。

至此，针对人力资源信息系统如何支持一个完整的人力资源管理的实务作业的工作原理描述基本结束。反过来，回顾人力资源管理模型（参考图 1-1），员工所有管理内容的实务都包含在该信息系统平台上。

9.2.2 典型案例

1．案例描述

完成表 9-1 到表 9-4 的劳动合同初签、变更、续签、终止的工作。

2．工作任务

基于人事合同管理系统的信息处理过程，完成以下 3 个学习任务和技能。

任务 1：劳动合同管理的信息处理；

任务 2：协议条款管理的信息处理；

任务 3：劳动合同数据的统计分析。

9.2.3 解决方案

按照图 9-1 的人事合同管理模式，人事合同管理信息系统应该支持以下 5 个方面的工作。

（1）人事合同管理系统设置；

（2）劳动合同的过程管理；

（3）协议管理的过程管理；

（4）劳动争议的过程管理；

（5）人事合同信息的统计分析。

9.3 人事管理实务准备

9.3.1 工作环境

（1）修改 XP Windows 桌面上的系统日历为：2017.6.18；

（2）导入[333] e-HRMS 实验五账套；

（3）先以用户 1000，李想的身份，登录"系统管理"平台，进入人事管理系统。

9.3.2 工作内容

（1）劳动合同处理；

（2）协议管理；

（3）劳动争议。

9.3.3 工作资料

（1）表 9-2 初签劳动合同资料；

（2）表 9-3 劳动合同变更资料；

（3）表 9-4 续签劳动合同资料；

（4）表 9-5 终止劳动合同资料。

9.4 人事管理合同实务

基于 e-HRMS 平台的人事合同管理的实务操作主要包括设置、劳动合同管理、协议管理、劳动争议和统计分析这几方面的工作，其中设置是一次性的，劳动合同管理、协议管理、统计分析是日常的业务工作，如图 9-2 所示。

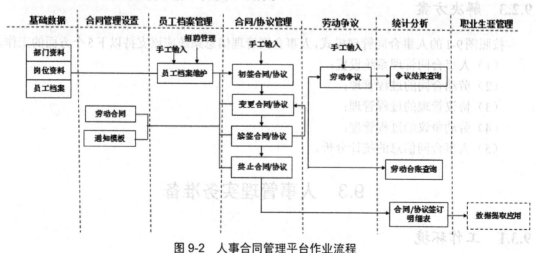

图 9-2 人事合同管理平台作业流程

9.4.1 基础设置

表 9-1　劳动合同续签通知模版

人事模版	模版内容	详细信息
人事合同到期预警	你好最近三个月共有[A]人合同将到期	设置默认通知信息

操作步骤：

（1）单击"业务工作"标签，选择"人力资源"→"人事合同管理"→"基础设置"→"通知模版"，打开"通知模版"。

（2）单击【增加】按钮后，输入"人事合同到期通知"。

（3）单击【获取预警信息】，弹出"通知模版"对话框，选择"人事合同到期预警"，出现如表 9-1 所示的内容，单击"确定"，返回"通知模版"，如图 9-3 所示。

（4）单击【保存】按钮。

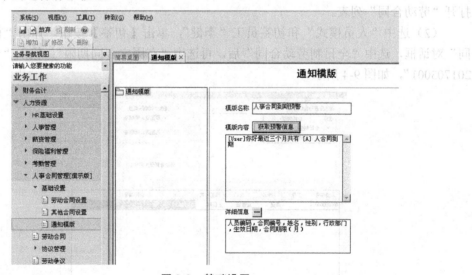

图 9-3　基础设置

9.4.2　劳动合同处理

1．初签合同

当新员工入职后，与公司签订"劳动合同"，或者在人事合同管理系统初建时，将书面形式的劳动合同输入系统，是通过"初签合同"模块完成。

表 9-2　初签劳动合同资料

人员编码	姓名	合同期限类型	合同编号	合同期间（月）	合同生效日期	合同到期日期	月工资（元）
0…01	李健	固定期间	201703001	24	2017-03-01	2019-02-28	2 000
0…02	郭俊	固定期间	201703002	24	2017-03-01	2019-02-28	2 000
0…03	李佳	固定期间	201703003	24	2017-03-01	2019-02-28	2 000
0005	马丽	固定期间	201601001	24	2016-01-01	2018-12-31	3 500
0025	周洋	固定期间	201401001	32	2014-08-01	2017-07-31	4 500
0026	李华	固定期间	201501002	24	2015-08-01	2017-07-31	3 500
0027	张明	固定期间	201201003	24	2015-08-01	2017-07-31	3 500

操作步骤：

（1）单击"业务工作"标签，选择"人力资源"→"人事合同管理"→"劳动合同"，打开"劳动合同"列表。

（2）选中"人员模式"和初签员工"李健"，单击【初签】按钮。弹出"初签劳动合同"对话框，选中"全日制劳动合同"后，再选中"有固定合同期限"；输入"合同编号：201703001"，如图 9-4 所示。

图 9-4　初签劳动合同

（3）单击【确定】按钮，弹出"初签劳动合同"文本资料。输入表 9-2 的"初签劳动合同资料"中李健劳动合同的关键信息，如"合同期限（月）：24；生效日期：2017-03-01；

到期日期：2019-02-28；月工资：2000"，如图9-5所示（如果单击【联查】，可以查询到员工的档案）。

图9-5　输入劳动合同

（4）单击【保存】和【退出】按钮，返回"劳动合同"列表。
（5）选中"已签"人员列表，如图9-6所示，继续完成表9-1资料的输入。

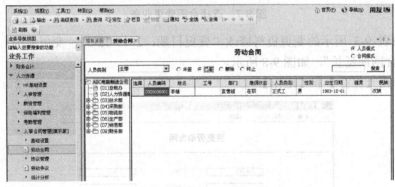

图9-6　已签合同列表

2．合同变更

当企业根据工作需要与员工协商时，会有劳动合同的变更情况。

表9-3　劳动合同变更资料

人员编码	姓名	合同期限类型	合同编号	合同开始日期	合同结束日期	变更合同结束日期	变更原因/变更内容
0005	马丽	固定期间	201601001	2016-01-01	2018-12-31	2019-12-31	合同期延长

操作步骤：

（1）单击"业务工作"标签，选择"人力资源"→"人事合同管理"→"劳动合同"，打开"劳动合同"列表。

（2）选中"合同模式"和变更人员"马丽"，单击【变更】按钮，如图9-7所示，弹出"变更劳动合同"对话框。

图9-7 选择合同变更业务

（3）按表9-3所示的变更资料修改"变更日期：2019-12-31；变更原因：岗位变动；变更内容：合同期延长"，如图9-8所示。

（4）单击【保存】和【退出】。

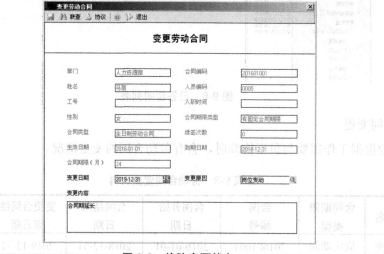

图9-8 修改变更信息

3. 合同续签

一般员工的合同到期后,都会继续签订书面形式的劳动合同,简称"续签"。

表 9-4 续签劳动合同资料

人员编码	姓名	合同编号	合同开始日期	合同结束日期	续签生效日期	续签到期日期
0025	周洋	201401001	2014-08-31	2017-07-31	2017-08-01	2020-07-31
0026	李华	201501001	2015-08-01	2017-07-31	2017-08-01	2019-07-31

操作步骤:

(1)单击"业务工作"标签,选择"人力资源"→"人事合同管理"→"劳动合同",打开"劳动合同"列表。

(2)选中"合同模式"和续签人员"周洋",单击【续签】按钮,弹出"续签劳动合同"对话框。

(3)输入表 9-4 的"续签劳动合同资料","续签生效日期:2017-08-01;续签到期日期:2020-07-31;"如图 9-9 所示。

(4)单击【保存】和【退出】;继续完成表 9-4 资料。

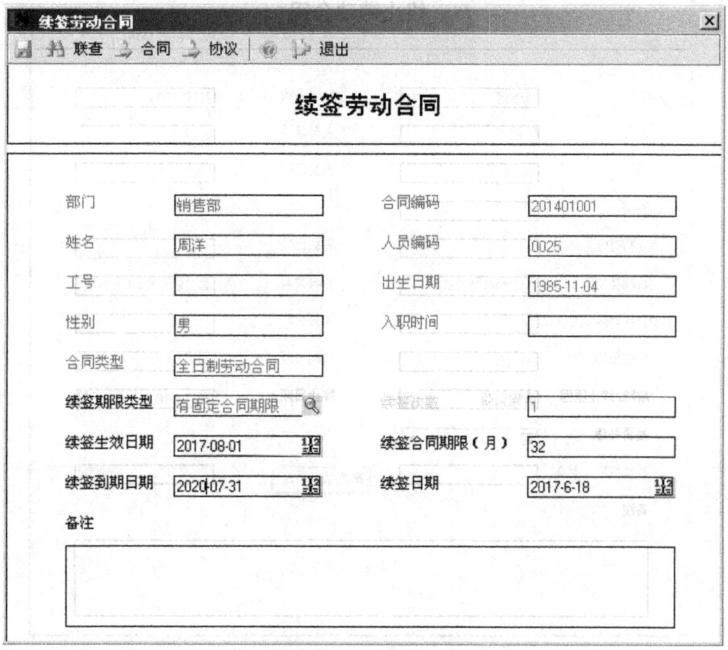

图 9-9 修改续签信息

4. 合同终止

当员工劳动合同到期，又不续签时，则进行劳动合同终止业务处理。

表 9-5 终止劳动合同资料

人员编码	姓名	合同编号	合同开始日期	合同结束日期	终止日期	终止原因
0027	张明	201201003	2015-08-01	2017-07-31	2017-08-01	合同到期

操作步骤：

（1）单击"业务工作"标签，选择"人力资源"→"人事合同管理"→"劳动合同"，打开"劳动合同"列表。

（2）选中"合同模式"和终止合同人员，资料如表 9-5 所示，单击【终止】按钮，弹出"终止劳动合同对话框"。

（3）输入"解除/终止原因：合同到期；终止日期：2017-08-01"，如图 9-10 所示。

（4）单击【保存】和【退出】按钮。

图 9-10 终止合同

5. 劳动合同日志查询

操作步骤：

（1）单击"业务工作"标签，选择"人力资源"→"人事合同管理"→"劳动合同"，打开"劳动合同"列表。

（2）选中"合同模式，马丽"员工后，单击【查询】，显示马丽的劳动合同变更日志，如图9-11所示。

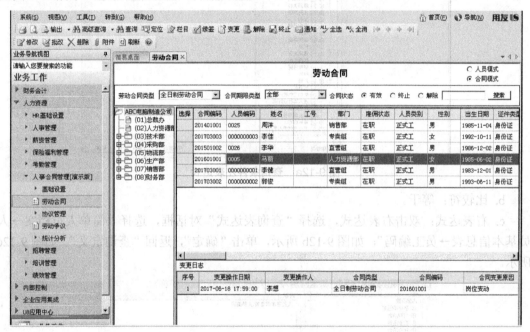

图 9-11 劳动合同日志

9.4.3 协议管理

1. 保密协议

通常有一些岗位对于新入职的员工，会要求签订保密协议。

操作步骤：

（1）单击"业务工作"标签，选择"人力资源"→"人事合同管理"→"协议管理"→"协议"，打开"协议管理"列表。

（2）选中"合同类型：保密协议；合同状态：有效"。

（3）选择【业务】下拉表，单击"初签"，打开"初签保密协议"。

（4）单击【查询】按钮，弹出"查询定义"对话框，定义查询逻辑。

a. 左表达式：选择"指标集指标项→人员基本信息→人员编码"，并双击"人员编码"，如图 9-12a 所示。

图 9-12a　查询条件左表达式

b. 比较符：等于。

c. 右表达式：双击右表达式，选择"查询表达式"对话框，选择"简单人员档案→人员基本信息表→员工编码"，如图 9-12b 所示，单击"确定"，返回"查询定义"，如图 9-12c 所示。

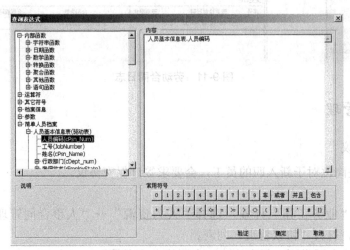

图 9-12b　查询条件右表达式

（5）单击"确定"，返回"初签保密协议"文本，选择"员工：李佳"，签订"保密协议"条款，如图 9-13 所示。

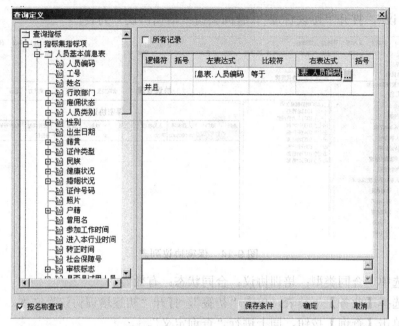

图 9-12c 查询表达式定义

图 9-13 保密协议条款

（6）单击【保存】和【退出】按钮，返回"协议管理"列表，如图 9-14 所示。

2．培训协议

企业在新员工入职的时候，对一些技术性较强的岗位，有时需要签订培训协议。

操作步骤：

（1）单击"业务工作"标签，选择"人力资源"→"人事合同管理"→"协议管理"→"协议",打开"协议管理"(合同类型:培训协议)列表。

图 9-14 保密协议列表

(2) 选中"合同类型:培训协议;合同状态:有效"。
(3) 选择【业务】下拉表,单击"初签",打开"初签培训协议"文本。
(4) 单击【查询】按钮,同上进行"查询定义"。
(5) 选择"员工:郭俊",签订新员工入职"培训协议"条款,如图 9-15 所示。
(6) 单击【保存】和【退出】按钮,返回"协议管理"列表。

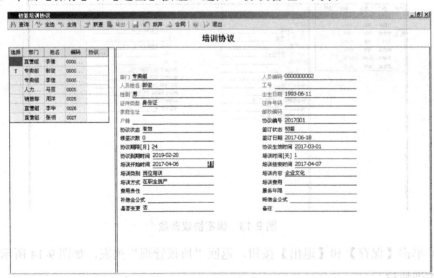

图 9-15 培训协议条款

3. 劳动台账

台账管理,可以方便地查到各种劳动协议的信息。

操作步骤：

（1）单击"业务工作"标签，选择"人力资源"→"人事合同管理"→"协议管理"→"台帐"，打开"台帐管理"列表。

（2）选中"合同类型：保密协议，合同状态：有效"，显示签订保密协议员工的列表，如图9-16所示。

（3）选择"合同类型：培训协议，合同状态：有效"，显示签订培训协议员工的列表。

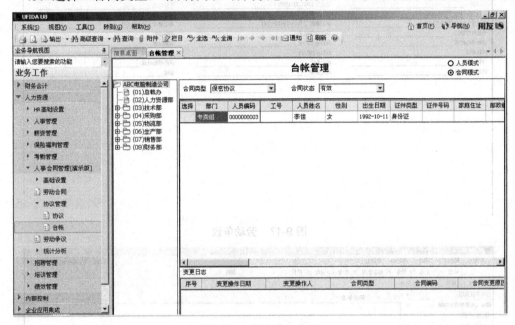

图 9-16　保密协议台帐

9.4.4　劳动争议

劳动争议是每一个企业都可能出现的情况，人事合同管理系统提供了劳动争议通道，为企业和员工双方在劳动合同法律事务上提供了尊法、守法、平等、公平的法律沟通的途径。

1．劳动争议提出

操作步骤：

（1）单击"业务工作"标签，选择"人力资源"→"人事合同管理"→"劳动争议"，打开"劳动争议"。

（2）单击【增加】按钮，打开"劳动争议"条款。

（3）输入"人员姓名：李佳；争议发生时间：2017-03-17；争议原因：工作日时间超

8小时；员工要求：日工作8小时"，如图9-17所示。

（4）单击【保存】和【退出】，返回"劳动争议"，如图9-18所示。

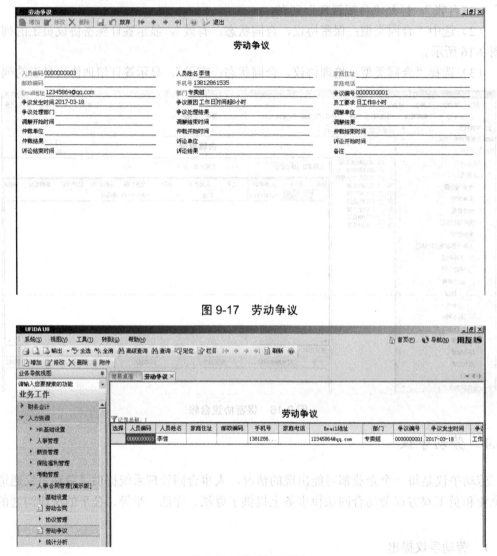

图 9-17　劳动争议

图 9-18　劳动争议列表

2. 劳动争议处理

操作步骤：

（1）单击"业务工作"标签，选择"人力资源"→"人事合同管理"→"劳动争议"，打开"劳动争议"。

（2）选中"员工编码：李佳"，单击【修改】，弹出"劳动争议"条款。

（3）输入"争议处理部门：人力资源部；争议处理结果：已调整为 8 小时；调解开始时间：2017-04-01；调解结束时间：2017-04-18"，如图 9-19 所示。

（4）单击【保存】和【退出】，返回"劳动争议"。

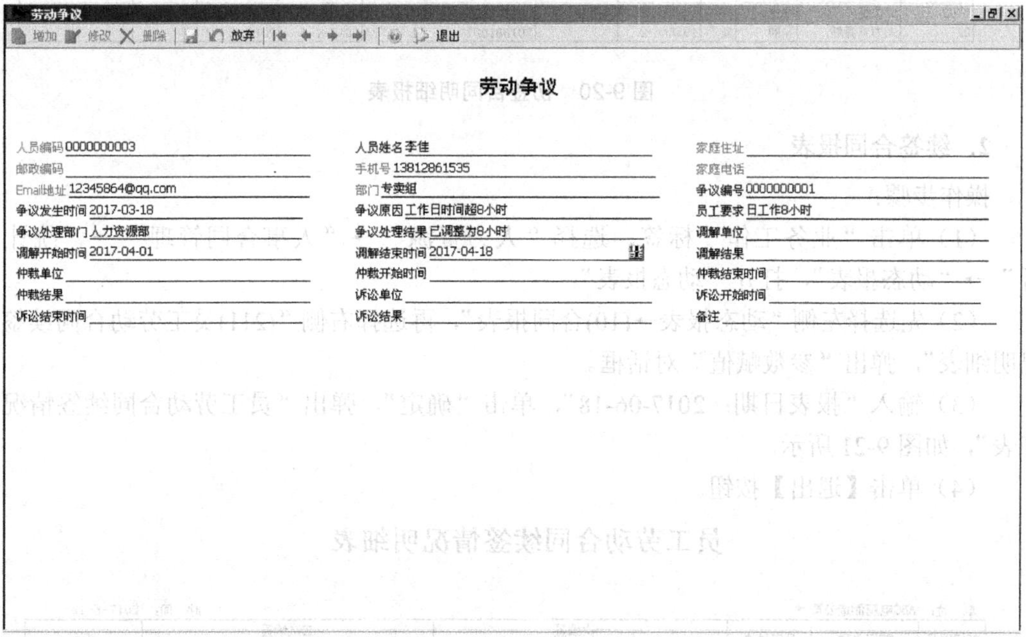

图 9-19　协调劳动争议

9.4.5　统计报表

1. 初签合同报表

操作步骤：

（1）单击"业务工作"标签，选择"人力资源"→"人事合同管理"→"统计分析"→"动态报表"，打开"动态报表"。

（2）先选择左侧"动态报表→(101)合同报表"；再选择右侧"(203)员工劳动合同初签情况明细表"，弹出"参数赋值"对话框。

（3）输入"报表日期：2017-06-18"，单击"确定"，弹出"员工劳动合同初签情况明细表"，如图 9-20 所示。

（4）单击【退出】按钮。

员工劳动合同初签情况明细表

单位：ABC电脑制造公司   时间：2017-6-18

部门编号	部门名称	员工姓名	性别	出生日期	参加工作时间	合同编号	合同期限（月）	合同生效时间	合同到期时间	试用期限（月）	备注
0701	直营组	李健	男	1983-12-1		201703001	24	2017-3-1	2019-2-28		
0702	专卖组	郭俊	男	1993-6-11		201703002	24	2017-3-1	2019-2-28		
0702	专卖组	李佳	女	1992-10-11		201703003	24	2017-3-1	2019-2-28		
02	人力资源部	马丽	女	1985-6-2		201601001	24	2016-1-1	2018-12-31		

图 9-20　初签合同明细报表

2．续签合同报表

操作步骤：

（1）单击"业务工作"标签，选择"人力资源"→"人事合同管理"→"统计分析"→"动态报表"，打开"动态报表"。

（2）先选择左侧"动态报表→(10)合同报表"，再选择右侧"(211)员工劳动合同续签情况明细表"，弹出"参数赋值"对话框。

（3）输入"报表日期：2017-06-18"，单击"确定"，弹出"员工劳动合同续签情况明细表"，如图 9-21 所示。

（4）单击【退出】按钮。

员工劳动合同续签情况明细表

单位：ABC电脑制造公司   时间：2017-6-18

部门编号	部门名称	员工姓名	一次续签			二次续签			备注
			合同期限（月）	合同生效时间	合同到期时间	合同期限（月）	合同生效时间	合同到期时间	
07	销售部	周洋	32	2017-8-1	2020-7-31				
0701	直营组	李华	24	2017-8-1	2019-7-31				

图 9-21　续签合同明细表

3．终止合同报表

操作步骤：

（1）单击"业务工作"标签，选择"人力资源"→"人事合同管理"→"统计分析"→"动态报表"，打开"动态报表管理"。

（2）先选择左侧"动态报表→(101)合同报表"，再选择右侧"(207)终止劳动员工合同情况明细表"，弹出"参数赋值"对话框。

（3）输入"开始日期：2017-01-01；截止日期：2017-06-18；填表日期：2017-06-18"，单击"确定"，弹出"终止劳动员工合同情况明细表"，如图 9-22 所示。

（4）单击【退出】按钮。

图 9-22　终止合同明细表

1. 继续完成表 9-6 初签劳动合同的实务。

表 9-6　初签劳动合同资料

人员编码	姓名	合同期限类型	合同编号	合同期间（月）	合同生效日期	合同到期日期	月工资（元）
0007	张海	固定期间	201301001	32	2014-01-01	2016-12-31	5 500
0008	尚谊	固定期间	201301002	32	2014-01-01	2016-12-31	5 000
0009	王宏	固定期间	20130102	24	2015-03-01	2017-02-28	4 500
0010	李涛	固定期间	201601001	24	2015-03-01	2017-02-28	4 500

2. 继续完成表 9-7 续签劳动合同实务。

表 9-7　续签劳动合同资料

人员编码	姓名	合同编号	合同开始日期	合同结束日期	续签生效日期	续签到期日期
0007	张海	201301001	2014-01-01	2016-12-31	2017-01-01	2019-12-31
0008	尚谊	201301002	2014-01-01	2016-12-31	2019-01-01	2019-12-31

3. 变更劳动合同资料，如表 9-8 所示。

表 9-8　变更劳动合同资料

人员编码	姓名	合同期限类型	合同编号	合同开始日期	合同结束日期	变更合同结束日期	变更原因/变更内容
0009	王宏	固定期间	20130102	2015-03-01	2017-02-28	2017-12-31	合同期延长
0010	李涛	固定期间	201601001	2015-03-01	2017-02-28	2017-12-31	合同期延长

4. 完成练习1、2之后，请截图"员工初签劳动合同明细报表"，并简单描述该报表的意思。

思考题

1. 人事合同管理包括哪些内容？
2. 简述人事合同管理模式。
3. 简述人事合同管理模式的工作原理。
4. 简述人事合同微观的活动过程。
5. 简述人事协议微观的活动过程。
6. 仔细观察在人事合同管理模式中，可能会存在哪些问题，如何改进？

参 考 文 献

[1] 顾全根. 人力资源开发与管理[M]. 北京：高等教育出版社，2014.
[2] 葛红岩. 人力资源管理[M]. 上海：上海财经大学出版社，2015.
[3] 高毅蓉. ERP 人力资源管理实务[M]. 北京：清华大学出版社，2011.
[4] 中国就业培训技术指导中心. 企业人力资源管理师（三级）[M]. 北京：中国劳动社会保障出版社，2007.
[5] 郑荆陵. ERP 供应链管理实训教程（用友 U8.72 版）[M]. 北京：清华大学出版社，2013.
[6] 郑荆陵. ERP 生产制造管理实训教程（用友 U8.72 版）[M]. 北京：清华大学出版社，2014.
[7] https://www.baidu.com/.

常见问题

1. 系统日历设置

学会修改系统日历：在 PX Windows 的桌面"开始"行，单击右下侧"时间"处。弹出"日期和时间属性"。修改为 2017-01-01，单击【应用】按钮，如图 a-1 所示。

图 a-1　系统日历设置

2. 操作事项

关机时，在 ERP 实验室学习，请逐步退出模块。例如，先退出模块，之后退出 e-HRMS 企业应用平台，再退出"系统管理"，最后关机。如果在虚拟机上学习，按步骤逐步退出：退出模块（退出 e-浏览器）→退出 e-HRMS 应用平台→关闭虚拟机的客户机→退出虚拟机应用程序。

3．常见问题

（1）如果没有正常退出系统，下次登录"企业应用平台"时，系统会提示有一个任务正在运行，可尝试确定登录。

（2）如果尝试了上面的办法，还是无法登录"企业应用平台"。请注册"系统管理"查看有没有"异常"，如果有，可以选择"视图"→"清除异常任务"；再尝试登录"企业应用平台"。

（3）如果系统提示：演示软件到期了（ERP 演示软件只有 3 个月的使用时间）。若学习时间真的超过 3 个月了，可以尝试改变系统日历后注册。

（4）如果尝试了上面的方法，但还是无法登录"企业应用平台"。请尝试重新开机，实验室里的电脑一般安装了恢复系统的功能。如果是虚拟机，可以尝试下载当前的虚拟机，重新安装一下虚拟机。

4．第 4 章招聘管理

请不要将所有的人员都审核了，否则系统会提示：演示软件到期。如果是因为审核问题，演示软件到期，可以尝试一下，先删除账套，再引入审核前的账套。

5．第 7 章考勤管理

（1）在考勤管理模块设置休息日的时候，如果出现：Invalidgument＝"21"的值对于"SelectedIndex"无效。参数名：SelectedIndex 的对话框时，请不用理会，直接关闭对话框。

（2）在设置考勤期间时，先删除 2017 年的设置。

3. 常见问题

(1)如果没有正确通出系统，下次登录"电子政用平台"时，系统会提示有3个任务 正在运行，可进行确定登录。

(2)如果忘记了上面的方法，没有正确登录"电子政用平台"，可自服"资金管理"查看所有项目"页签"，勾选后，可以选择"视图"——"清除异常挂起者"，把登记录"电子 政用平行"。

(3)如果系统提示：离不开软体到期下（ERP 演示软件只有3个月的使用期限），客户 到期前问题还有3个月下，可以尝试改条统日期解决。

(4)如果客户在上面的方法，都没有成功登录"电业到用平台"，请重新安装下载，安装至里的步骤一般安装了保要至定的动画。如果是此机，可以尝试不妨通的查查记录， 老重安装后一下进批机。

4. 第4章挑战答题

由于受到时间的个人记事审查下，为网系会提示：如果未完成图题，就是是因为本核的 题，请求状单相同，可以尝试下一下，完解接继续，再自入不系前的原轨。

5. 第7章考试题答案

(1)按实际操作设置林赏体品的时候，如果出现 Selectedindex="21"的地方，了 "Selectedindex"关系，答案是：Selectedindex 的对话框，单开对话名，将末关系的代码， (2)任设置参与题图的时，类据数2017年的位置。